PETIT GUIDE DU
PARLER
QUÉBÉCOIS

Mario Bélanger

PETIT GUIDE DU
PARLER
QUÉBÉCOIS

Stanké

Données de catalogage avant publication (Canada)

Bélanger, Mario

Petit guide du parler québécois

Comprend des réf. bibliogr.

ISBN 2-7604-0578-6

1. Français (Langue) - Régionalismes - Québec (Province) - Dictionnaires.
2. Français (Langue) - Québec (Province) - Idiotismes - Dictionnaires. 3.
Français (Langue) - Québec (Province) - Dictionnaires. I. Titre.

PC3643.B44 1997   447'.9714'03   C97-940524-6

Couverture : Serge Chapleau (*illustration*)
                  Standish Communications (*conception graphique*)
Infographie : Tecni-Chrome

*Nous remercions le Conseil des Arts du Canada de l'aide
accordée à notre programme de publication.*

ISBN 2-7604-0578-6

Dépôt légal : Bibliothèque nationale du Québec, 1997

Les éditions internationales Alain Stanké
1212, rue Saint-Mathieu
Montréal (Québec) H3H 2H7
Tél. : (514) 935-7452
Téléc. : (514) 931-1627

IMPRIMÉ AU QUÉBEC (CANADA)

À tous ceux et celles,
qui arrivent d'ailleurs
et qui acceptent,
avec ouverture d'esprit et respect,
de venir au Québec pour mieux connaître
ce coin du monde et ses habitants.

Remerciements

Je remercie toutes les personnes qui ont apporté leur contribution ou leur encouragement à différentes étapes de la réalisation de cet ouvrage. En particulier Monique April, Mario Babin, Gaétan Beaulieu, Adrien, Jacques, Lino et Simon Bélanger, Christian Bielle, Serge Chapleau, Hélène Chassé, Réjeanne Chrétien, Pauline Côté, Gisèle Dubé, Boumédiène Falah, Richard Fournier, Michel et Sylvie Gendron, Élisabeth Haghebaert, Jean Larrivée, Olger Linares, Marie-France Maheu, Réjean Martin, Johanne Ménard, Gérard Mercure, Jean-Louis Morgan, Mimosette Mouelle, Élisabeth Mozalon, Mariette Parent, Thomas du Payrat, Line Plamondon, Line et Nicole Poirier, Diane Proulx, Pierre-Yves Quenette, Philippe Saielli, Guy Simard, Robert Siron, Alain Stanké, Roger Thomas, François Touzet, Danièle Tremblay, Yannick Unvoas, Claudette Vidimari, Jean-Marc Vincent et tous les autres. Un merci tout spécial à Jocelyne Dorion et Rémi Maillard, correcteurs, pour la pertinence de leurs questions et commentaires.

Avertissement

L'utilisation du masculin dans cet ouvrage n'a pour but que d'alléger le texte.

Du terroir
à la francophonie

Lorsque des Français, des Belges, des Suisses, des Haïtiens, des Marocains ou des Sénégalais rencontrent des Québécois, de quoi parlent-ils ? De villes et de paysages, bien entendu. De mentalités, de plaisirs du palais et de la chair, sûrement. De l'art et de la politique, sans doute. Mais un autre thème revient souvent dans les conversations de tous ces francophones. Oui. Les couleurs et les variations de la langue française dans le monde. Et cet intérêt se manifeste aussi chez les Acadiens et les Franco-Ontariens, ainsi que dans les autres régions du globe où l'on parle français.

Dans la société québécoise, la langue est depuis longtemps «la» question par excellence. Une question d'identité, de reconnaissance. La langue parlée au Québec est à la fois tenace et languissante, hésitante et orgueilleuse, enjouée et mélancolique, blessée et vivace. C'est un mode d'expression fragile, en mutation, qui lutte contre l'envahissante langue anglaise, infiltrée partout. C'est la simplicité, la verdeur d'un dialecte qui survit dans le sillage du français de France, langue souvent capricieuse et forte en conventions.

La langue parlée par les Québécois est une langue qui chemine entre deux registres : à la fois dialecte pour initiés et héritage culturel mondial. Ainsi, non seulement cette langue est-elle un mode d'expression typique, singulier, qui rayonne de part et d'autre des rives du fleuve Saint-Laurent, avec des mots et des accents qui témoignent d'une culture propre aux Québécois, mais encore elle est pour eux une langue internationale, qui leur ouvre des portes sur de vastes parties du monde, notamment l'Europe et l'Afrique. La réalité linguistique francophone au Québec s'inscrit entre ces deux pistes : un fier attachement au terroir et à la réalité du Québec parallèlement à une relation privilégiée avec la vaste francophonie. Ainsi se sont développées deux manières de parler qui vont côte à côte, qui se mélangent, qui se confrontent.

Les Québécois parlent une langue qui est fondamentalement française, mais qui est truffée de mille et une tournures, intonations et significations qui leur sont caractéristiques. Leur recette ? Des archaïsmes, des emprunts à l'anglais, des néologismes — il le fallait pour décrire une réalité unique —, des extensions de sens. Brasser le tout, couvrir et laisser mijoter pendant plusieurs décennies, ajouter un peu d'accent et servir.

Beaucoup de Québécois peuvent s'exprimer dans un français conventionnel qui se rapproche du français parlé dans certains milieux européens ou africains. Mais, entre le français cultivé et la langue populaire, il arrive que la plupart des Québécois passent d'un registre à l'autre, plus ou moins consciemment, sans prévenir... Ainsi, le Québécois qui parle à une personne en position d'autorité sera tout naturellement porté à dire : « ce soir », « ici », « retourner », « maintenant », « en forme ». Deux heures plus tard, le même Québécois qui s'adresse familièrement à son frère ou à son voisin pourra dire, tout aussi naturellement : « à souère », « icitte », « artourner », « astheure », « en *shape* ».

Une langue qui oscille entre deux registres ? Une hésitation constante entre deux façons de dire ? Les linguistes parlent de « situation diglossique ». Le phénomène n'est pas particulier au Québec, bien entendu. Toutes les sociétés le vivent à divers degrés. Mais le cas du Québec, influencé par de grands courants américains, français et canadiens-anglais, mérite une attention spéciale.

D'une part, la langue conventionnelle, officielle: c'est celle des ministères et des institutions publiques, celle de certains annonceurs et journalistes dans les médias, celle des relations avec les étrangers et des situations publiques, celle de l'écriture en général. Une langue endimanchée, cultivée, qui s'apparente au modèle standard de la langue française. Et d'autre part, la langue de la vie courante, la langue orale, spontanée, parfois dépréciée, avec ses tournures vibrantes, ses raccourcis: c'est celle qu'on entend dans la rue, au restaurant et dans l'autobus, dans les lieux de travail, dans des discussions amicales, dans les tribunes téléphoniques à la radio, etc. C'est cette langue de tous les jours que j'ai choisi de décrire. Ce vocabulaire pittoresque, moderne, populaire, qui surprend les étrangers.

Malgré tout, la langue parlée au Québec partage de nombreux éléments de référence avec les variétés du français en usage dans les autres pays de la francophonie. Les possibilités de compréhension sont remarquables.

Il existe en effet un grand réservoir de français commun renfermant des mots qui sont accessibles, compris et employés par l'ensemble des francophones. Certes, les Québécois achètent des dictionnaires, des revues et des livres venant d'Europe. Culturellement, ils sont branchés sur le réseau francophone international. Ils consomment et produisent en français: chansons, films, émissions, romans, etc. Les Québécois sont fiers de faire partie de la grande famille francophone, ils revendiquent résolument l'usage de cette langue.

Il est facile et agréable de communiquer avec les francophones du monde entier en utilisant le français conventionnel. Cependant, s'ouvrir à la variété des expressions plus régionales permet d'enrichir la langue de couleurs et de saveurs nouvelles. C'est pourquoi il importe de fournir une information accessible et pertinente sur les différences qui existent, de créer des ponts entre les diverses modulations de la langue.

Et des différences, Dieu sait qu'il y en a! Prenons le mot «char». En entendant ce mot, beaucoup de francophones dans le monde penseront à un char d'assaut, d'autres à un char à bœuf, d'autres encore à une voiture à deux roues de l'Antiquité. Pour les Québécois, cependant, il s'agit avant tout du terme populaire qui désigne une automobile (sens que lui attribue le présent lexique puisque seul ce sens fait la différence).

Tous les francophones du monde comprendront des termes neutres comme auto, voiture ou véhicule pour désigner cet objet usuel qu'est l'automobile. Tous saisiront aussi le sens des termes plus familiers comme bagnole et tacot. En France, il faut ajouter des mots du langage populaire comme guimbarde, chignole, caisse, tank ou tire, qui, dans le sens de vieille voiture, sont peu courants au Québec. Tout comme en Afrique francophone on entendra carcasse et sakabo. Au Québec, on pourra aussi désigner une vieille voiture qui fonctionne mal comme étant un bazou, un cancer, un bachat ou une minoune. Que de ressources dans une langue!

Les parlers français ne font pas exception...

Il ne faut pas croire que les Québécois sont les seuls à présenter des particularismes par rapport à la langue française dite conventionnelle. Les Suisses, les Belges ou les Sénégalais qui s'expriment en français ont eux aussi leurs tournures et leurs accents, faciles à distinguer de ceux d'un Parisien. (Vous connaissez les « septante-trois » et les « nonante-cinq » de la Suisse ?) En Haïti ou en Guadeloupe, le créole (mélange de français et de langues africaines) côtoie le français conventionnel. À l'intérieur même des frontières de la France, il existe encore de multiples nuances entre les parlers de l'Île-de-France, de Normandie, de Picardie, de

Provence, de Champagne, de Lorraine. Il faut lire le magnifique ouvrage d'Henriette Walter, *Le français dans tous les sens*, pour bien comprendre l'étonnant cheminement des mots et la riche floraison de variétés à l'intérieur de la langue française.

Dans plusieurs pays de l'Afrique francophone, on a inventé avec beaucoup d'inspiration de nouveaux verbes à partir de mots courants : amourer (faire l'amour), enceinter (rendre enceinte), fréquenter (aller à l'école), cabiner (faire ses besoins), doigter (montrer du doigt), ménager (faire le ménage), boulotter (travailler), panner (tomber en panne). Génial, non ? Certains mots apparaissent dans un sens différent : toujours en Afrique, « pardonner » signifie non pas « accorder le pardon » mais « demander pardon ». Au Congo, « bronzer » équivaut non pas à « devenir plus foncé » mais à « devenir plus clair ». Au Zaïre, les « gros mots » ne sont pas des « mots injurieux » mais bien des « mots savants »... En plus, les francophones d'Afrique ajoutent au français qu'ils parlent de nombreux mots qui proviennent de leurs langues autochtones.

... aux autres langues

On observe d'ailleurs un phénomène semblable dans d'autres langues. Placez autour d'une table une vendeuse de Harlem, un fermier du Texas, un camionneur d'Édimbourg et une infirmière du Nigeria, et il n'est pas certain qu'ils saisiront tous bien clairement les nuances de la discussion qui se tiendra pourtant en anglais. Par exemple, *today* (aujourd'hui) se prononce « toudé » à Boston, « toudéi » à Londres et « toudaille » à Melbourne. Le mot *beer* (bière) se dit « bir » à Londres, « bèr » en Écosse. On mange des *chips* en conduisant un *truck* (camion) aux États-Unis, alors qu'on parle de *crisps* et de *lorry* en Angleterre. *Corn* désigne du maïs aux États-Unis et du blé en Grande-Bretagne ; *fag* signifie un pédé à New York et une cigarette à Londres. De façon semblable, *subway* et *tube* (métro), *elevator* et *lift* (ascenseur) ou *sidewalk* et *pavement* (trottoir) servent à désigner de chaque côté de l'Atlantique les mêmes réalités.

Le citoyen espagnol de Madrid comprend très rapidement que la personne qu'il entend au téléphone vient d'Amérique latine seulement par son accent ou par les mots qu'elle choisit. Par exemple, le mot *pollo* (poulet) se prononce « pollio » en Espagne et « pojo » au Costa Rica. Les gens disent *magnetófono* (magnétophone), *playera* (tee-shirt) et *coche* (automobile) en Espagne alors qu'en Amérique, ils emploient plus couramment *grabador*, *camiseta* et *carro*. Des experts ont relevé plus d'une vingtaine de zones de dialectes en Amérique hispanique.

Même phénomène du côté des Allemands, qui ont une langue écrite commune, mais qui s'expriment dans une diversité de dialectes. Dans le sud de l'Allemagne, en Autriche et en Suisse, nous apprend Henriette Walter, on utilise des mots différents de ceux qu'on emploie au nord de l'Allemagne pour dire : samedi, cravate, orange ou chaise. En Norvège, un interminable débat se déroule entre les défenseurs du vieux norvégien et les partisans de la langue moderne.

Pareillement, il existe des variations dans la langue « italienne » entre les Italiens du Nord et ceux du Sud. (Certains ont essayé de traduire une nouvelle de Boccace en 700 dialectes de l'Italie...) Même chose au Brésil et au Portugal : les natifs de Rio et ceux de Lisbonne ont leurs « écarts de langage », même s'ils s'expriment tous en portugais. On dira *ônibus* (autobus) au Brésil et *autocarro* au Portugal.

Partout, la langue est une chose vivante, qui se transforme, qui prend des couleurs, selon les lieux qu'on habite, selon les gens à qui on s'adresse.

Chacun apporte ses nuances

Ce qui vaut pour une population donnée vaut aussi pour un individu : chaque personne apporte des nuances dans la façon d'exprimer une même réalité, et c'est en partie ce qui fait la diversité et le pouvoir d'imagination du langage.

Un habitant d'une grande ville, peu importe laquelle, s'exprime souvent avec des mots, des intonations qui sont différents de ceux d'une personne qui vit à la campagne, à trente kilomètres à peine de cette ville.

Dans un parc, j'ai déjà entendu un enfant expliquer, tout naturellement, qu'il s'était « entorsé » la cheville. Un autre enfant m'a raconté qu'il avait réussi à « railler » tout seul la chaîne de son vélo, après que celle-ci se fut « déraillée » de ses engrenages. Un jeune sportif m'a expliqué qu'un lancer qui venait d'entrer dans le but n'était « pas faisable arrêter » (impossible à arrêter). Qui n'a pas un jour inventé un mot ou une tournure ?

Certes, il existe un noyau solide dans lequel se concentre l'essentiel d'une langue. Cependant, dans chaque région du monde, les habitants ont tendance à moduler les intonations, à créer des mots, à donner des sens nouveaux, pour mieux décrire leur réalité, pour se distinguer des autres. Avec l'usage qui fait se répéter un vocable des millions de fois, dans des contextes différents, le mot se transforme peu à peu, dans sa prononciation sinon dans son sens. L'adjectif « nouveau » se disait *novus* du temps de Jules César ; le mot a gardé son sens dans les langues latines, mais il se dit maintenant *nuovo* en italien, *nuevo* en espagnol et *novo* en portugais.

Certains mots se détachent parfois de ce qui se dit ailleurs, et ils restent confinés à une région, à un pays. D'autres mots voyagent, sont repris, empruntés par des populations éloignées, pendant des générations. Chocolat, un mot d'origine aztèque, et vodka, mot russe, ont fait le tour du monde et se sont incrustés dans de nombreuses langues. Et d'autres meurent tout simplement : au XVIIIe siècle, on disait, en bon français de France, incoupable (innocent), défermer (ouvrir) et fortuner (faire fortune).

Enfin, il existe pour chaque langue des niveaux de compréhension plus faciles que d'autres. Supposons

que vous ayez appris l'anglais et que vous compre-
niez maintenant très bien un bulletin d'information
télévisé dans cette langue (avec la diction soignée et
les points de repère : noms connus, images, etc.). Par
contre, vous aurez peut-être plus de difficultés à
suivre un film en anglais, parce que le débit est plus
rapide et que plusieurs phrases contiennent des sous-
entendus, des sons escamotés. Mais quand vous
arrivez à l'humour anglais, émaillé de jeux de mots
et plongé dans un contexte spécial, alors là, la compréhension devient encore plus difficile. Bien qu'à
un degré moindre, cette gradation existe aussi pour
un étranger francophone qui arrive au Québec :
chaque situation nécessite un degré différent de compréhension et d'adaptation.

Pour tous les francophones de la terre, cependant,
il sera beaucoup plus facile de s'adapter à la variété
du français parlé au Québec que d'apprendre une
autre langue. Et côté « découvertes », l'aventure
devrait être tout aussi palpitante que d'apprendre une
autre langue.

*
**

Ce livre n'est pas un ouvrage savant, exhaustif et
détaillé. C'est plutôt un outil de vulgarisation qui
vise à faciliter la compréhension de la langue populaire parlée dans le Québec contemporain dans ce
qu'elle a de différent. Vous y trouverez des explications pratiques et une sélection de mots et de tournures courantes que les Québécois utilisent « en
marge » ou « en surplus » du français usuel.

Voilà ! Francophones du monde entier, nous
parlons la même langue de base. Nous nous com-
prenons assez facilement. Mais il existe des nuances
qu'il est utile de prendre en considération. Nos
peuples font partie de la même grande famille francophone, ce qui n'empêche ni l'un ni l'autre d'avoir
sa personnalité propre et ses fantaisies.

Des mots et des expressions du Québec

Ce lexique présente une sélection de mots et d'expressions qui sont couramment utilisés au Québec. La plupart sont de niveau familier ou populaire et relèvent surtout de la langue orale. C'est pourquoi je vous invite à lire les phrases à haute voix, pour mieux en saisir toute l'originalité et la saveur.

En règle générale, chaque entrée du lexique est suivie d'une phrase en italique qui donne un exemple concret de l'emploi du mot ou de l'expression. Viennent ensuite, entre parenthèses, les équivalences habituelles en français standard ou dans la langue parlée en France du ou des mots en caractères gras dans l'exemple. Le cas échéant, quelques informations sont données sur l'origine, sur une particularité à prendre en considération ou sur des détails de prononciation ou de niveau de langue (après les mentions **A.**, **V.**, **R.** ou *). Les chiffres **1.**, **2.**, **3.**, etc. indiquent les différentes significations et les emplois possibles d'un même terme.

Certains des mots et expressions de ce lexique sont déjà connus par les francophones des autres pays, mais les Québécois leur prêtent un sens autre, ou les écrivent ou les prononcent différemment. Les exemples indiquent en quoi ils sont différents. *Les définitions ne sont donc pas exhaustives.*

Plusieurs de ces mots et expressions bien français étaient en usage en France au XVe, au XVIe et au XVIIe siècles — comme chandelle, s'assire, barrer la porte, piler sur les pieds, avoir de la jasette ou se gréyer pour sortir. Ils sont encore aujourd'hui couramment employés au Québec, même s'ils ont un usage limité ailleurs dans la francophonie. Dans le lexique, la mention «**V.** Vieux français» signale ces archaïsmes.

D'autres mots et expressions ont été forgés au fil du temps et des circonstances pour répondre à la réalité du Québec. Comme l'explique l'*Énoncé d'une politique linguistique relative aux québécismes*, «les québécismes doivent principalement servir à dénommer des réalités concrètes ou abstraites qui n'ont pas de correspondant ou qui ne sont pas encore dénommées en français, ou pour lesquelles les dénominations québécoises qui les expriment ont acquis un statut linguistique ou culturel qui les rend difficilement remplaçables[1]». Beaucoup de ces mots valent d'être découverts, goûtés, comme de nouveaux fruits pour la grande francophonie. Les entrées relatives à ces mots portent la mention «Recomm. OLF» (recommandé par l'Office de la langue française).

Par ailleurs, les Québécois utilisent dans leurs conversations courantes une quantité importante de mots et de tournures influencés par la langue anglaise. Vous en trouverez un bon nombre dans ce lexique. Plusieurs voient dans cette réalité une contamination grave de la langue. D'autres, en dérision, disent que cela démontre simplement que nous ne sommes pas sourds face à nos tonitruants voisins américains et canadiens-anglais. Certains Québécois les emploient abondamment, sans en être toujours conscients, mais d'autres les évitent systématiquement. Beaucoup de ces mots sont inscrits depuis longtemps dans la culture populaire, dans la langue

---

1. Office de la langue française, *Énoncé d'une politique linguistique relative aux québécismes,* Québec, 1985, p. 16.

de tous les jours, et ils sont difficiles à déloger.
L'emprunt peut se justifier s'il n'existe pas dans la
langue française d'équivalent pour désigner la réalité
en question. Plusieurs recommandent toutefois
d'employer autant que possible les termes français.
Pourquoi dire *joke* alors que les mots blague, farce,
plaisanterie et boutade font partie du vocabulaire ?
Souvent, les Québécois connaissent les mots dans les
deux langues (par exemple « pneu » et *tire*, « pare-
chocs » et *bumper*), mais emploient l'un ou l'autre
selon les circonstances. D'ailleurs, si les Québécois
ont tendance à utiliser les anglicismes dans la langue
familière, ils font des efforts pour les éviter dans le
discours soigné ou officiel. Aussi, il faut préciser que
les anglicismes adoptés par les francophones
européens ne sont pas toujours les mêmes que ceux
qui sont en usage au Québec. Les mentions « A., mot
anglais, anglicisme, calque de... ou dérivé de... »
indiquent ces mots.

Dans certains cas, l'entrée comporte diverses
remarques (**R.**) utiles sur le mot ou l'expression.
L'astérisque (*) peut ajouter une précision sur le
niveau de langue.

Une annexe regroupe des informations sur les tendances de prononciation, sur les tournures et contractions, sur les jurons et sur les genres. On y trouve
aussi des renseignements sur l'automobile et le
garage, sur l'adaptation à la culture et à la langue du
Québec pour des étrangers ainsi que quelques éléments historiques et une liste des sigles courants.

Lexique

A

Il ne faut pas [...] sous-estimer le sentiment d'attachement que chacun, consciemment ou inconsciemment, éprouve pour la façon de parler de sa région natale et qui le fait résister au processus de nivellement qui se dessine autour de lui.

HENRIETTE WALTER
Le français dans tous les sens

⚜ ⚜ ⚜

A pron. pers. *A vient juste de partir.* (Elle.)

à prép. **1.** *Est-ce qu'il a pris son petit déjeuner à matin ?* (Ce matin.) **R.** Le « à » est utilisé dans des expressions courantes : **à soir** (ce soir), **à terre** (par terre), **à tous les jours** (tous les jours). **2.** *J'ai trouvé le livre à Monique. C'est le garçon à Fernand.* (De.) **3.** *À prochaine !* (À la prochaine !) **R.** Après *à*, l'ellipse de l'article « la » est fréquente : mettre quelqu'un **à porte**, jouer **à bourse**, passer **à banque**, aller **à messe**, être **à place** de quelqu'un, etc.

ABREUVOIR n.m. *Je prends une gorgée d'eau à l'abreuvoir et je te rejoins.* (Fontaine, robinet, où se désaltèrent... les humains.) **R.** Normalement, en français, l'« abreuvoir » sert uniquement aux animaux.

ABRIER v. **1.** *As-tu abrié tes pivoines pour l'hiver ?* (Recouvrir, mettre à l'abri.) **2.** *Peux-tu abrier le bébé pour ne pas qu'il prenne froid ?* (Couvrir.) **3.** v. pron. *Abrions-nous bien pour dormir, il fait froid dehors.*

(Se couvrir.) **R.** Ce verbe se conjugue comme
« briller » devant un *e* muet : *J'abrille.* **V.** Vieux
français.

ACADÉMIQUE adj. *Il a obtenu un emploi dès la fin de
son année **académique**.* (Scolaire, universitaire.)
A. *Academic.* Anglic. dans ce sens.

ACCOMODATIONS n.f.pl. *Nous avons des **accomodations** pour tout votre groupe.* (Capacités d'hébergement, commodités.) **A.** Anglic. dans ce sens.

ACCOTÉ, E adj. **1.** *Il préfère vivre **accoté** plutôt que
de se marier.* (En concubinage.) **2.** *J'étais **accoté** sur
le mur quand elle est apparue.* (Appuyé.)

ACCOTER v. *Il est capable d'**accoter** les meilleurs
guitaristes.* (Faire concurrence à.)

ACÉTATE n.f. *Au congrès, il a présenté ses schémas
sur des **acétates** pour expliquer sa recherche.*
(Support transparent.) **R.** Mot le plus souvent employé au féminin pour désigner une feuille en acétate.

ACHALANDÉ, E adj. *Le pont Jacques-Cartier est très
achalandé à l'heure de pointe.* (Encombré.)

ACHALANT, E adj. *Elle trouve ce beau garçon un peu
achalant.* (Exaspérant.) **V.** Vieux français.

ACHALER v. *Ils se sont fait **achaler** près de l'école.*
(Harceler, importuner.) **V.** Vieux français.

ACHIGAN n.m. *Il n'y a plus beaucoup d'**achigans**
dans ce lac.* (Poisson, perche noire.) **R.** Mot amérindien.

ADON n.m. *Je l'ai rencontré par **adon**.* (Hasard.)
V. Vieux français.

ADONNER v. **1.** *Ça **adonne** bien, je pars pour
Montréal.* (Arriver à propos, bien tomber.) **2.** v. pron.
*Il s'**adonne** très bien avec nos enfants.* (S'entendre.)
V. Vieux français.

AFFAIRE n.f. **1.** *Pourquoi je fais ça ? Pour gagner ma
vie, c't'**affaire** !* (Évidemment.) **2.** *Tu veux que je*

vienne tout d'suite ? **C'est quoi l'affaire ?** (C'est quoi le problème ?) **3.** *Tu n'as* **pas d'affaire à** *t'occuper de ça !* (Pas de raison de.)

ÂGE n.m. *Ils font maintenant partie de* **l'âge d'or**. (Le troisième âge.)

AGENDA n.m. *Peux-tu ajouter ce point à l'***agenda** *de la prochaine réunion ?* (Ordre du jour.) **A.** Anglic. dans ce sens.

AIDER v. *Je vais* **aider à** *mon cousin.* (Aider quelqu'un.)

AIGUISER v. *Je vais* **aiguiser** *mon crayon.* (Tailler.)

AÎNÉS, ES n.pl. *Ils vont à une soirée de danse pour* **les aînés**. (Personne du troisième âge.)

AIR n.m. **1.** *Ç'a* **l'air** *qu'il va faire beau demain.* (Il semble, on dit.) **2.** *Il faut y aller avec lui. C'est important, ç'a* **d'l'air**. (Il paraît.) **3.** *Je vas voir* **de quoi ça d'l'air**. (À quoi ça ressemble.) **4.** *Cette décoration* **a l'air bête**. (Être ridicule.) **5.** *Eh, les enfants,* **faites de l'air** *!* (Poussez-vous ! Allez jouer ailleurs !) **6.** *Je voulais lui expliquer, mais j'ai* **frappé d'l'air**. (Échouer.)

AJUSTABLE adj. *Mon auto est équipée de ceintures* **ajustables**. (Réglable.)

ALENTOUR prép. *Il y avait des fleurs* **alentour de** *l'arbre.* (Autour de.) **V.** Vieux français. La Fontaine et Molière écrivaient « à l'entour ».

ALIGNEMENT n.m. *Mon auto a besoin d'un* **alignement** *des roues.* (Parallélisme.) **A.** *Wheel alignment.* Anglic. dans ce sens.

ALLURE n.f. **1.** *Ç'a ben de* **l'allure** *ce que tu dis.* (C'est très valable, acceptable.) **2.** *Ç'a* **pas d'allure** *cette histoire.* (C'est farfelu, inacceptable, c'est nul.)

ALTÉRATION n.f. *Elle m'a proposé de faire quelques* **altérations** *à mon pantalon.* (Retouche.) **A.** Anglic. dans ce sens.

AMANCHER v. *Il est amanché pour se défendre.* (Avoir la capacité physique ou intellectuelle.)

AMANCHURE n.f. **1.** *Lui as-tu vu l'amanchure ?* (Manière d'arranger les choses : situations, vêtements, etc.) **2.** *Tu parles d'une amanchure de broche à foin.* (Stupidité.)

AMBITIONNER v. *Faudrait pas ambitionner avec cette histoire-là.* (Exagérer.)

AMOUR n.m. *Ils sont tombés en amour dès le premier regard.* (Tomber amoureux.) **A.** *To fall in love.*

ANNÉE n.f. *Il étudie à l'année longue.* (À longueur d'année.) **A.** *All year long.*

ANNONCE n.f. *Je vais me chercher un verre de lait pendant les annonces.* (Message publicitaire.)

APPEL n.m. *Il ne pourra pas vous retourner votre appel aujourd'hui.* (Rappeler.) **A.** *To call back.*

APPLAUDISSEMENT n.m. *Bravo ! Une bonne main d'applaudissements pour notre artiste invité.* (Applaudissons !)

APPLICATION n.f. *Mon frère a fait application pour obtenir ce boulot.* (Postuler.) **A.** *To make application for a job.*

APPLIQUER v. *Je vous recommande d'appliquer pour obtenir ce contrat spécialisé.* (Poser sa candidature.) **A.** *To apply.*

APPOINTEMENT n.m. *Je dois prendre un appointement chez le dentiste.* (Rendez-vous.) **A.** *Appointment.* Anglic. dans ce sens.

APPUI-LIVRES n.m. *J'ai besoin d'un appui-livres pour ma nouvelle bibliothèque.* (Plus courant que « serre-livres » ou « presse-livres ».)

APRÈS prép. **1.** *Il est après construire sa maison.* (En train de.) **V.** Vieux français. Molière utilisait cette tournure. **2.** *Il est fâché après elle.* (Contre.) **3.** *Les* *enfants se collent souvent **après** elle.* (À.) **4.** *Il y a un numéro **après** son chandail.* (À.) **5.** *Viens m'aider. Tu feras ton travail **par après**.* (Par la suite, après.)

ARÉNA n.m. parfois f. *Le tournoi se déroule à l'**aréna**.* (Patinoire, centre sportif.)

ARÉOPORT n.m. *Il faut que j'aille à l'**aréoport**.* (Prononciation fautive d'«aéroport».)

ARGENT n.m. Les expressions : faire la **galette**, avoir du **foin**, avoir du **bidou** ou avoir du **bacon** signifient qu'on a de l'argent. En France, dans la langue familière, on a : du blé, de l'oseille, du flouse, du pèze ou des tunes. **1.** *Tous les **argents** recueillis seront versés à Centraide.* (L'argent, les sommes.) **R.** Parfois employé au pluriel au Québec.

ARMOIRE n.f. *Dans la cuisine, les **armoires** occupent tout le haut du mur.* (Placard.) **R.** Dans la francophonie, une «armoire» est avant tout un meuble de rangement.

ARRACHER v. *Il **en arrache** depuis qu'il a perdu son emploi.* (Avoir de sérieuses difficultés.)

ARRANGÉ, E adj. *J'y crois pas du tout. C'est **arrangé avec le gars des vues**.* (Truqué.)

ARRÊT n.m. *Tu vas jusqu'au prochain **arrêt [-stop]**, puis tu tournes à gauche.* (*Stop.*) **R.** Certains panneaux de signalisation sont bilingues au Québec.

ASPHALTE n.m. parfois f. *Au bout du chemin de terre, il y a une autre route avec de l'**asphalte**.* (En Europe, on dira plutôt du goudron, du bitume, du macadam. En Afrique, on dit surtout du goudron.) * Se prononce souvent «asfatte».

ASSERMENTATION n.f. *Les nouveaux arrivés étaient invités à la cérémonie d'**assermentation**.* (Prestation de serment.)

ASSIR (S') v. pron. *Tu devrais t'assir. Je vais tout t'expliquer.* (S'asseoir.) — *Assis-toi!* (Assieds-toi.) — *Assisez-vous!* (Asseyez-vous!) **V.** Vieux français.

ASTHEURE adv. *Il faut y aller astheure. C'est le temps.* (Maintenant.) **R.** Peut aussi s'écrire « à-c't'heure ». **V.** Vieux français. Se dit encore en Bretagne.

ATCHOUMER v. *Je n'arrête pas d'atchoumer depuis hier.* (Éternuer.) * Dans le langage des jeunes.

ATTEIGNABLE adj. *Notre objectif était difficilement atteignable.* (Difficile à atteindre.)

AUBAINE n.f. *J'ai profité des aubaines d'après les Fêtes.* (Soldes.)

AUTANT adv. **1.** *Je déteste ce dessert aux pêches. Franchement, j'aime autant les pommes.* (Peut dans certains cas vouloir dire « mieux ».) **2.** *C'est la troisième fois en autant de jours que j'entends ça.* (En trois jours.) **3.** *Elle lui avait dit ça autant comme autant.* (Très souvent.) **V.** Vieux français.

AUTOBUS n.m. parfois f. *L'an prochain, les enfants devront prendre l'autobus scolaire.* (Car de ramassage scolaire.) **R.** Véhicule de couleur jaune qui sert au transport des élèves.

AVANT-MIDI n.m. ou f. *Il voulait y aller dans l'avant-midi.* (Matinée.) **R.** On dit aussi « avant-midi » en Belgique.

AVOIR v. **1.** *Je m'ai rendu compte de la situation. Je m'ai aperçu qu'il était tard. J'ai tombé dans le panneau.* **R.** Les Québécois utilisent parfois l'auxiliaire « avoir » avec certains verbes qui nécessitent l'auxiliaire « être ». **2.** *J'aurais une auto à vendre.* (J'ai...)

AVEC 1. prép. *La fille qui sort avec est très jolie.* (Avec lui.) **2.** adv. *T'en fais pas. Il y en a pour toi avec.* (Aussi.)

AYOYE interj. **1.** *Ayoye donc! Je me suis fait mal à la tête.* (Aille! Outch!) **R.** Quand on se cogne la tête ou que l'on se donne un coup de marteau sur un doigt, au Québec, c'est le premier mot qui vient à la bouche. Quelques jurons complètent parfois la réaction. **2. *Ayoye !* *C'est extraordinaire !*** (Wow !) **R.** Dans le langage des jeunes, peut aussi exprimer la surprise.

B

Je chante en joual parce que c'est ma langue. [...] Un peuple va imposer sa langue quand il va imposer des choses géniales dans sa langue.

ROBERT CHARLEBOIS
dans une émission avec Fernand Séguin

BABILLARD n.m. *Chaque service a un **babillard** pour présenter les messages.* (Tableau d'affichage.)

BABOUNE n.f. **1.** *Elle a de grosses **babounes**.* (Babine.) **2.** *Il **fait la baboune** depuis une semaine.* (Bouder, faire la gueule.) **R.** En Belgique : *faire la pote.*

BACHAT n.m. *Il voulait changer son vieux **bachat**.* (Voiture, outil défectueux.)

BACKER v. *Je suis prêt à te **backer** si tu te lances dans cette affaire.* (Appuyer.) **A.** *To back up.*

BACKSTORE n.m. *Il en reste dans le **backstore**.* (Réserve.) **A.** Mot anglais.

BACON (se prononce « bécune ») n.m. *Fais pas ton Séraphin, sors ton **bacon**.* (Argent.) **A.** *bacon,* dans un sens différent.

BAD-LUCK n.f. *Il a subi de nombreuses **bad-lucks**.* (Malchance.) **A.** *Bad luck.*

BAD-LUCKÉ, E adj. *Il a été très **bad-lucké** dans la vie.* (Malchanceux.) **A.** Dérivé de *bad luck.*

BÂDRANT, E adj. *Enlève le panneau. Il est **bâdrant**.* (Agaçant, contrariant.) **A.** *Bothering.*

BÂDRER v. *Ne va pas le **bâdrer** avec tes problèmes d'argent.* (Embêter.) **A.** *To bother.*

BAGUETTE n.f. *Il avait **les baguettes en l'air**. Il n'était pas content.* (Les bras au-dessus de la tête.) **R.** Pour exprimer l'agitation, la colère.

BAIN n.m. *N'oublie pas de laver le **bain**.* (Baignoire.) **R.** En Europe, on prend son bain mais on lave la baignoire.

BAL n.m. **1.** *Elle a acheté une robe pour le **bal des finissants**.* (Soirée spéciale pour les élèves qui terminent un programme d'études.) **2.** *C'est votre candidat qui a **mené le bal**.* (Avoir le dessus dans un débat.)

BALAI n.m. *Il a gagné le gros lot. Il est **fou comme un balai**.* (D'une gaieté exubérante.)

BALANCE n.f. *Je vous paierai la **balance** demain.* (Reste, solde.) **A.** Anglic. dans ce sens.

BALANCEMENT n.m. *Votre voiture a besoin d'un **balancement** des roues.* (Équilibrage.) **A.** *Wheel balancing.* Anglic. dans ce sens.

BALAYAGE n.m. *Bravo à ton équipe! C'était tout un **balayage** !* (Triomphe.) **R.** Lorsqu'une équipe sportive ou un parti politique remporte haut la main une série de matchs ou une élection.

BALAYEUSE n.f. *Nous passerons la **balayeuse** demain.* (Aspirateur.)

BALLE n.f. **1.** *Je te l'avais dit. Ton candidat a passé **comme une balle**.* (Haut la main, à toute vitesse.) **2.** *Les enfants lançaient des **balles de neige** sur la clôture.* (Boule de neige.) **3.** *Vous devriez assister à la partie de **balle molle**.* (Jeu de balle dérivé du baseball.)

BALLON n.m. *Nos adversaires ont lancé un **ballon** pour tester leur projet de politique.* (Ballon d'essai.)

BALLON-BALAI n.m. *Le **ballon-balai** a perdu en popularité depuis dix ans.* (Jeu dérivé du hockey sur glace qui se joue sans patins, avec un ballon et des balais.)

BALONÉ n.m. *Nous mangeons du **baloné** depuis une semaine.* (Saucisson de Bologne.). **A.** *Boloney.*

BALOUNE n.f. **1.** *Il est allé au poste de police pour souffler dans la **baloune**.* (Alcootest.) **R.** En France, on dira «souffler dans le ballon». **2.** *Il est parti sur une **baloune**.* (Cuite.) **3.** *Le député avait lancé quelques **balounes** électorales.* (Promesse bidon.)

BANC n.m. *Les enfants glissent sur un **banc de neige**.* (Amas de neige, congère.) **R.** Se dit aussi en Belgique.

BANQUE n.f. *Mon garçon met son argent dans sa **banque**.* (Tirelire.) **A.** *Bank.* Anglic. dans ce sens.

BARBOT n.m. *Les enfants ont fait des **barbots** sur le mur.* (Graffiti, dessin.)

BARDASSER v. *Avec ces hommes d'affaires, ça **bardasse** fort parfois.* (Barder, discuter.)

BARDEAU n.m. *Je pense qu'il lui **manque un bardeau** depuis son accident.* (Être timbré, fou.) **R.** On dit aussi : *avoir un bardeau de parti.*

BARGAIN (se prononce «bargaine») n.m. *J'ai fait un bon **bargain**.* (Affaire.) **A.** Mot emprunté à l'anglais, qui l'avait autrefois acquis du français.

BARGAINER (se prononce «barguiné») v. *J'ai **bargainé** le plus que j'ai pu, sans succès.* (Marchander.) **A.** *To bargain.* Mot emprunté à l'anglais, qui l'avait autrefois acquis du français.

BARNIQUES n.f.pl. *Attends. Je vais mettre mes **barniques**.* (Lunettes, cluques.)

BAROUETTE n.f. *Nous avons déplacé tout le voyage de terre à la **barouette**.* (Brouette.)

BAROUETTER v. *Je me suis fait **barouetter** en autobus sur des chemins de terre.* (Trimballer.)

BARRE n.f. **1.** *Il avait mis son chandail avec des **barres** noires.* (Rayure.) **2.** *J'ai nettoyé une **barre** de crayon sur sa chemise.* (Trait.) **3.** *J'ai trouvé une **barre de savon** sous l'évier.* (Pain de savon.) **A.** *Bar of soap.* **4.** *Il se tenait devant le médecin, **raide comme une barre**.* (Raide comme un piquet.) **5.** *Le soleil se lèvera encore à la **barre du jour**.* (Aube.) *Litt. dans ce sens.

BARRÉ, E adj. *La porte est **barrée**.* (Verrouillé.) **V.** Vieux français.

BARRER v. *Il faut **barrer** les portes.* (Fermer à clé.) **V.** Vieux français. Se dit encore en Normandie et en Vendée.

1. BAS n.m. *Ça ne lui ferait pas tort de changer de **bas**.* (Chaussette.)

2. BAS prép. *C'est froid. Il fait 15 **en bas de** zéro.* (Au-dessous de.)

BAS-CULOTTES n.m.pl. *Elle a trouvé des **bas-culottes** à un prix minime.* (Collants.)

BASSES n.f.pl. *J'étais bien sur mes **basses**. Mais lui, il n'arrêtait pas de clignoter avec ses **hautes**.* (Les basses : les feux de croisement, les codes. Les hautes : les feux de route, les phares.) **R.** *Être sur les basses* signifie «rouler en code».

BAT (Se prononce «batte») n.m. **1.** *Peux-tu apporter ton **bat** pour jouer au baseball ?* (Batte.) **R.** Masculin au Québec. On dit aussi «bâton de baseball». **2.** *Le patron n'a pas accepté notre erreur. Il nous a passé **au bat**.* (Au moulinet.)

BATCH n.f. *Il va préparer une **batch** de pâtés.* (Fournée, lot.) **A.** Mot anglais.

BATEAU n.m. *Il a **manqué le bateau** avec ses prévisions.* (Rater une occasion, rater le coche.)

BATÊME juron

BÂTON n.m. **1.** *Il a le gros bout du bâton dans cette histoire.* (Être en position de force.) **2.** *Je viens de m'acheter des bâtons de golf.* (*Club.*)

BATTERIE n.f. *J'ai besoin de deux batteries pour ma lampe de poche.* (Pile.) **A.** *Battery.* Anglic. dans ce sens.

BAVEUX, EUSE n. et adj. *Ces gars-là sont des petits baveux.* (Arrogant, chiant.)

BAZOU n.m. *Elle est partie pour l'Ontario avec son bazou.* (Tacot, guimbarde.)

BEAU adj. **1.** *J'ai vu l'accident. C'était pas beau beau!* (C'était affreux.) **R.** Tendance à doubler certains mots pour mettre un peu d'insistance. *Le blessé n'était pas fort fort.* (Il était très amoché.) *La Chine, c'est ben ben loin.* (Très loin.) *C'est dur dur d'être politicien.* (Très difficile.) *Mon linge, il est blanc blanc!* (Super blanc.) *Ah! J'en ai un pareil, pareil!* (Identique.) **2.** À la fin d'une conversation, les Québécois disent souvent : *C'est beau. À la prochaine.* (C'est bien. C'est d'accord. C'est parfait.) **R.** Parfois en réponse à des remerciements.

BÉBELLE n.f. **1.** *Les enfants ramassent leurs bébelles.* (Jouet, petit objet.) **2.** *J'en ai assez! Tes bébelles pis dans ta cour!* (Prends tes affaires et retourne chez toi.)

BEC n.m. **1.** *Donne-moi un bec.* (Petit baiser.) **2.** *Tu ne vas pas encore faire le bec fin.* (Faire le difficile.) **3.** *La cabane à sucre? Demain? Wow! On va se sucrer le bec.* (Manger du sucré.) **V.** Mot d'origine normande.

BÉCOSSE n.f. *Je vais passer par la bécosse avant de partir.* (Toilettes, W.-C.) **A.** Déformation de l'anglais *back house.*

BEDAINE n.f. **1.** *Les enfants se promenaient en bedaine et nu-pieds.* (Le torse nu.) **2.** *Il n'aimait pas enlever sa chemise car il faisait de la bedaine.* (Avoir du ventre, de la brioche.) * Se prononce parfois «bédaine».

BEIGNE n.m. *Deux beignes et un café, s'il vous plaît.* (Beignet.)

BELLBOY n.m. *J'attends le bellboy.* (Porteur, chasseur.) **A.** Mot anglais.

BEN adv. **1.** *C'est ben bon!* (Bien.) **2.** *Il paraît que ça lui tient ben ben à cœur.* (Beaucoup.) **3.** *C'est ben manque le temps d'y aller.* (Sans doute, probablement.) **4.** *Il est ben que trop gros pour danser le ballet.* (Vraiment trop.)

BERCER (SE) v. pron. *Mon grand-père se berçait sur le perron.* (Se balancer dans un fauteuil à bascule.)

BÊTE adj. *Elle m'a dit qu'elle avait moins de 18 ans. Je suis resté bête.* (Être décontenancé, surpris.) **R.** On entend aussi : *j'ai resté bête.*

BÊTISE n.f. *Il n'arrête pas de lui chanter des bêtises.* (Dire des insultes.)

BETÔT adv. *Il va partir pour Montréal betôt.* (Bientôt, dans quelques instants.) **R.** On entend aussi : *bétôt.*

BETTE n.f. **1.** *Voici du chou, des carottes et des bettes.* (Betterave.) **2.** *T'aurais dû lui voir la bette!* (Tête.)

BEURRE n.m. **1.** *Il est passé dans le beurre au dernier moment.* (Passer à côté.) **2.** *Je lui ai dit d'arrêter de pédaler dans le beurre.* (Faire des efforts inutilement.)

BEURRÉE n.f. **1.** *Je lui a promis une beurrée de confiture.* (Tartine.) **V.** Vieux français. **2.** *Ça m'a coûté une beurrée.* (Cher.)

BIBITE n.f. **1.** *Y a-t-il des bibites chez vous ?* (Insecte.) **2.** *Son jardin est infesté de bibites à patates.* (Doryphore.) **3.** *Stéphane a des bibites dans [la] tête.* (Des araignées dans le plafond.) **4.** *C'est une espèce de bibite à sucre qui ne se prive jamais.* (Amateur de sucreries.)

BICYCLE (se prononce «bécék») n.m. **1.** *Je vais aller faire un tour de bicycle.* (Bicyclette.) **R.** Les jeunes enfants parlent de leurs «bicycles à trois roues»... **2.** *J'ai vu passer deux gros bicycles à gaz.* (Motocyclette.)

BIDOU n.m. *Tu veux avoir ça pour Noël ? Ça prend beaucoup de bidous, mon cher !* (Argent.)

BIEN-ÊTRE SOCIAL n.m. *Il cherche un emploi. Il est sur le bien-être social depuis un an.* (Assistance sociale). **R.** L'expression « bien-être social » ou « B.S. », bien connue au Québec, fait sourire en France. Peut-on vraiment trouver le « bien-être » en bénéficiant de l'équivalent du R.M.I. (Revenu minimum d'insertion), se demande-t-on, à juste raison. **A.** Calque de *social welfare*.

BIENVENUE *interj.* — *Merci, madame.* — *Bienvenue !* (Il n'y a pas de quoi !, De rien !, Ça fait plaisir !) **A.** Calque de *You're welcome !*

BIÈRE n.f. **1.** *Une bière en bouteille ou une bière en fût ?* (Bière pression.) **R.** On dit aussi «*draft*». Si on vous propose une «québécoise en fût», ne soyez pas surpris de voir arriver simplement... une bière d'origine québécoise ! **2.** *C'est de la petite bière comparé à ce qu'il prépare maintenant.* (Du menu fretin, des peccadilles.)

BIG SHOT n.m. *Les big shots de la ville veulent rencontrer le maire.* (Gros bonnet, huile.) **A.** Expression anglaise.

BILLET n.m. *Il prend son billet de saison pour le hockey cet hiver.* (Abonnement de saison.)

BILLOT n.m. *Il a acheté des billots pour construire un mur.* (Bille de bois, grume.)

BINE ou **BINNE** n.f. *Je déteste manger des bines.* («Fèves au lard», haricots.) **A.** *Beans.*

BINERIE n.f. *Il a obtenu un emploi dans une binerie.* (Petit restaurant bon marché.)

BINGO n.m. *Ils sont partis jouer au bingo.* (Sorte de loto.)

BISCUIT n.m. *Essaie de siffler en mangeant des biscuits soda.* (Sorte de craquelin.)

BITCH n.f. **1.** *Encore la **bitch** qui fait des siennes!* (Les artistes qualifient de «bitch» [chienne] l'auteur d'une critique très mordante.) **2.** *Mon espèce de **son of a bitch***! (Fils de chienne, de pute.) **A.** Mot anglais. * Vulg.

BITCHER v. *Je n'ai pas confiance. Il m'a déjà **bitché** plusieurs fois.* (Jouer dans le dos, faire une vacherie.) **A.** *To bitch.* Dans un sens différent. * Vulg.

BLANC n.m. **1.** *J'ai eu un **blanc de mémoire**.* (Trou de mémoire.) **A.** *Blank of memory.* **2.** *Je n'ai pas de **blancs de chèque** sur moi.* (Formule de chèque.) **A.** *Blank check.* **R.** À ne pas confondre avec un chèque en blanc...

BLANCHON n.m. *Brigitte souhaite caresser des **blanchons** pendant son voyage aux Îles.* (Bébé du phoque.)

BLEACHER (se prononce «blitché») v. *Elle voulait se faire **bleacher** les cheveux.* (Teindre, décolorer.) **A.** *To bleach.*

BLÉ D'INDE n.m. *Il y aura **du blé d'Inde** à volonté.* (Des épis de maïs.)

BLENDER (se prononce «blendeur») n.m. *Il a mis les légumes dans le **blender**.* (Mélangeur.) **A.** Mot anglais.

BLEU n.m. **1.** *Depuis cet accident, **j'ai les bleus**.* (Avoir le cafard.) **A.** *To have the blues.* **2.** *Je l'ai vu **tomber dans les bleus**.* (Perdre la raison.) **3.** *Il a reçu son **bleu** directement du patron.* (Congédiement, feuille de licenciement.)

BLEUET n.m. **1.** *Il voulait cueillir des **bleuets** au Lac-Saint-Jean.* (Variété de myrtilles.) **R.** Mais aussi, selon les régions du monde: abrêtier, abrêt-noir, airelle, brimbelle, moret, raisin des bois, teint-vin. En Europe, «bleuet» est un nom de fleur. **2.** *On* *dirait que cette entreprise n'embauche que des* **Bleuets**. (Surnom des habitants du Saguenay ou du Lac-Saint-Jean, régions propices à la culture du bleuet.)

BLOC n.m. **1.** *C'est à trois* **blocs** *d'ici.* (Rue, pâté de maisons.) **A.** *Block.* **2.** *Enfant, il s'est beaucoup amusé avec ce* **jeu de blocs**. (Jeu de cubes, de construction.) **3.** *Il y a un* **bloc appartement** *juste en face de ma maison.* (Immeuble d'habitation, *building*.) **4.** *Sa voiture est* **sur les blocs** *pour l'hiver.* (Sur cales.) **R.** Les roues sont enlevées et la voiture repose sur des blocs.

BLONDE n.f. *Auprès de sa* **blonde**, *il dort toujours bien.* (Copine, amie de cœur.) **R.** Celle-ci peut tout autant être brune, noire ou rousse plutôt que «blonde».

BLOOD (se prononce «blode») adj. *C'est un gars* **blood**. (Généreux, ouvert à la discussion.) **A.** Mot anglais, dans un sens différent.

BLOUSE n.f. *Elle enleva sa* **blouse** *et m'embrassa comme une ventouse.* (Plus courant que «chemisier».)

BOBETTES n.f.pl. *N'oublie pas de changer de* **bobettes**. (Slip, caleçon.)

BOIRE v. *Je ne veux pas sortir. Il pleut* **à boire debout**. (À torrents.)

BOIS n.m. **1.** *On n'est* **pas sortis du bois** *avec tes problèmes.* (Pas sorti de l'auberge.) **2.** *Il rêve de se construire une petite maison en* **bois rond**, *près d'un lac tranquille.* (Rondin.) **3.** *Le* **bois franc** *est beaucoup plus résistant que le* **bois mou**. (En Europe, on dira plutôt «bois dur» et «bois tendre».)

BOISÉ n.m. *Je n'ose pas pénétrer dans ce* **boisé**. *C'est sombre.* (Terrain couvert d'arbres.)

BOISSON n.f. *Il était* **en boisson** *quand l'accident est arrivé.* (En état d'ébriété.)

BOÎTE n.f. **1.** *Elle ouvre sa* **boîte à malle** *en espérant y trouver sa lettre.* (Boîte aux lettres.) **A.** *Mailbox.*

2. *Il a retrouvé sa **boîte à lunch** juste à temps.* (Gamelle, musette, boîte dans laquelle on transporte son repas.) **A.** *Lunchbox.*

BOL n.m. parfois f. *Je dois récurer le **bol** de toilettes.* (Cuvette.) **A.** *Bowl.*

BOLLE n.f. *Elle a de très bonnes notes à l'école. C'est une **bolle**.* (Élève intelligent.)

BONHOMME SEPT HEURES n.m. *Dans ce temps-là, les enfants croyaient au **bonhomme sept heures**.* (Croque-mitaine, père fouettard.) **R.** Personnage légendaire créé pour faire peur aux enfants qui ne veulent pas aller se coucher. L'expression viendrait de *bonesetter*, « ramancheur d'os » (rebouteux), comme il en existait autrefois.

BONJOUR interj. *On se voit demain. D'accord ? **Bonjour**.* (Au revoir.) **R.** Ce qui est particulier au Québec, c'est que les mots « Bonjour » ou « Bonsoir » sont utilisés aussi pour mettre un terme à un entretien. Il est fréquent d'entendre, côte à côte, les mots : « À la prochaine ! Bonjour ! », plutôt que : « Au revoir ».

BONUS n.m. *Elle a reçu un **bonus** pour son excellent travail.* (Gratification, prime.) **A.** Mot anglais.

BOOKER v. *La secrétaire a réussi à **booker** tous les membres du club à cet hôtel.* (Inscrire.) **A.** *To book.*

BOOSTER v. *J'ai fait **booster** mon char.* (Faire faire un démarrage-secours.) **A.** *To boost.*

BORD n.m. **1.** *Les deux voleurs **ont pris le bord**, ça n'a pas été long.* (S'enfuir, déguerpir.) **2.** *Je me suis **viré de bord** très vite.* (Se retourner.)

BORDÉE n.f. *Il est tombé une **bordée de neige** hier.* (Chute de neige.)

BOSSER v. *Depuis qu'il est ici, il veut **bosser** tout le monde.* (Diriger.) **A.** *To boss.* **R.** Plus rarement, peut signifier « travailler », comme ailleurs dans la francophonie.

BOSTON *Je dois aller à **Boston***. **R.** Chez les Québécois « Boston » rime avec « bonbon », alors que les Européens prononcent « Bostonne ». Par contre, les Québécois disent « Washington »...

BOTCH n.f. *Il a fait ce travail **à [la] botch***. (De façon bâclée.) **A.** Mot anglais.

BOTCHÉ, E adj. *Une panne de courant et tout le spectacle aurait pu être **botché***. (Bousillé, raté.) **A.** *Botchy*.

BOTTINE n.f. **1.** *Il **a les deux pieds dans la même bottine***. (Être maladroit, empoté.) **2.** *Ils **patinent sur la bottine***. (Avancer gauchement.) **R.** Voir aussi **esprit** de bottine.

BOUCANE n.f. *La pièce est pleine de **boucane** de cigarette*. (Fumée.) **V.** Vieux français.

BOUCHÉE n.f. *Il voulait s'arrêter pour **prendre une bouchée***. (Manger sur le pouce.)

BOUCHER v. *Il n'en fallait pas plus pour **boucher** ce personnage prétentieux*. (Faire taire.)

BOUETTE n.f. *Il est heureux comme un cochon dans la **bouette***. (Boue.)

BOUGONNEUX, EUSE n. et adj. *On a affaire à un vieux **bougonneux***. (Bougon.)

BOUILLI n.m. *Ils ont préparé un bon **bouilli** pour souper*. (Pot-au-feu.)

BOULE n.f. **1.** *Il joue à la **boule** derrière la maison*. (Balle.) **2.** *Ce vieux coffre sent la **boule à mites***. (Naphtaline.)

BOUNCER (se prononce comme « bonne sœur ») n.m. *Ils ont placé un **bouncer** à l'entrée de la discothèque pour faire respecter l'ordre*. (Videur.) **A.** Mot anglais.

BOURASSER v. *Les policiers auraient pu faire leur travail sans **bourasser** tout le monde*. (Brusquer.) **V.** Vieux français.

BOURSE n.f. *Elle a laissé sa **bourse** dans la voiture.* (Sac à main.)

BOUTEILLE n.f. *Le bébé est réveillé. Je vais lui préparer sa **bouteille de lait**.* (Biberon.)

BOUTTE n.m. **1.** *Ils sont complices **au boutte**!* (Extrêmement, grandement.) **2.** *Les enfants m'ont mis **à boutte**.* (Hors de soi, à rude épreuve.) **3.** *Incroyable. C'est **le boutte du boutte**!* (La fin de tout, le nec plus ultra. C'est le pied.) **4.** *Bon. Je vais **faire un boutte**. Je reviens demain.* (S'en aller, partir.) **5.** *Je pense que c'est pas **dans ce boutte-citte**.* (Dans le secteur, par ici.)

BOYAU n.m. *Il a pris le **boyau [d'arrosage]** pour remplir la piscine.* (Tuyau.)

BOZO n.m. Voir ***niaiseux***.

BRAILLAGE n.m. *On a entendu son **braillage** toute la nuit.* (Pleurnichage.)

BRAKE (se prononce «brêike») n.m. **1.** *Je dois faire réparer les **brakes** de mon auto.* (Frein.) **A.** Mot anglais. **2.** *Dans une côte, il est préférable de mettre le **brake à bras** quand l'auto est arrêtée.* (Frein à main.)

BRAKER (se prononce «brêiké») v. *Je te conseille de **braker** tout de suite.* (Freiner.) **A.** *To brake.*

BRANCHER (SE) v. pron. ***Branchez-vous** les gars! C'est le temps ou jamais.* (Se décider.)

BRANLER v. *Ça fait longtemps qu'il **branle dans le manche**.* (Hésiter.)

BRANLEUX, EUSE n. et adj. *Arrête de faire le **branleux** et décide-toi.* (Indécis, hésitant.) **R.** Le mot n'a pas de rapport avec la masturbation.

BRAS n.m. *Ça va lui coûter **un bras**.* (Les yeux de la tête.)

BRASSER v. **1.** *C'est à ton tour de **brasser** les cartes.* (Battre.) **2.** *Il a **brassé** le lait dans son café.* (Remuer, agiter.) **3.** *C'est la dernière partie de la finale, au hockey.* **Ça brasse fort.** (Ça joue dur.)

BRASSIÈRE n.f. *La jeune fille était gênée d'acheter une* **brassière.** (Soutien-gorge.) **A.** *Bra, brassière.* Anglic. dans ce sens.

BREAKER (se prononce «brékeur») n.m. *Il a fait sauter le* **breaker.** (Disjoncteur électrique.) **A.** Mot anglais.

BRETELLES n.f.pl. *Il n'y a pas de quoi* **se péter les bretelles.** (Se vanter.)

BRETTER v. *Arrête de* **bretter.** *Il faut y aller.* (Flâner, perdre son temps, papillonner.) **V.** Vieux français.

BREUVAGE n.m. *Prenez-vous un* **breuvage** *avec votre repas ?* (Boisson.) **V.** Mot tombé en désuétude en France, mais conservé au Québec. À rapprocher des mots « s'abreuver » et « abreuvoir ». Jean de La Fontaine, dans la fable *Le loup et l'agneau,* a écrit : « Qui te rend si hardi de troubler mon breuvage ? »

BRIQUE n.f. *Elle l'attendait* **avec une brique et un fanal.** (De pied ferme.)

BRISÉ, E adj. *On indique parfois «* **Brisée** *» sur les machines distributrices.* (En France, on écrira plutôt : « En panne », « Hors service », ou simplement « H.S. ». **R.** « Brisé » a en Europe un sens plus restreint : cassé, rompu.

BROCHE n.f. **1.** *Je me suis piqué le doigt sur la* **broche** *de ton paquet de feuilles.* (Agrafe.) **2.** *Grand-mère a perdu ses* **broches à tricoter.** (Aiguille à tricoter.) **3.** *C'est bien lui, avec son style* **broche à foin.** (Grossier, rudimentaire.)

BROCHER v. *Je me suis piqué le doigt sur la* **broche** *de ton paquet de feuilles.* (Agrafe.) **2.** *Il faut que je* **broche** *les feuilles avant de les remettre au prof.* (Agrafer.)

BROCHEUSE n.f. *Sers-toi de la* **brocheuse** *pour fermer ta grande enveloppe.* (Agrafeuse.) **R.** Les « broches » dans la « brocheuse » servent à « brocher » des choses ensemble.

BROSSE n.f. **1.** *J'ai déjà* **viré** *[ou* **pris]** *une brosse avec lui.* (Prendre une cuite, picoler.) **2.** *Pour l'été, il a demandé qu'on lui fasse une* **brosse**. (Coupe de cheveux en brosse.) **3.** *J'ai besoin d'une* **brosse** *pour nettoyer les verres à vin.* (Goupillon.)

BROUE n.f. **1.** *J'aime ça quand il y a de la* **broue** *sur la bière.* (Mousse.) **V.** Vieux français. **2.** *C'est un gars qui a tendance à* **péter de la broue**. (Se vanter.) **3.** *Depuis qu'il a obtenu cet emploi, il* **a la broue dans l'toupet**. (Avoir beaucoup de travail à faire.)

BRÛLEMENT n.m. *J'ai des* **brûlements** *d'estomac.* (Brûlure.) **V.** Vieux français.

BRÛLOT n.m. *J'aime aller à la pêche, mais je déteste les* **brûlots**. (Variété de moustique piqueur.)

BRUNANTE n.f. *Cette belle Africaine vient me voir* **à la brunante**. (À la tombée du jour.) **V.** Vieux français.

BRUNCH n.m. *Dimanche midi, ils sont allés à un* **brunch** *ensemble.* (Buffet, repas pris en fin de matinée.) **A.** Contraction de <u>br</u>eakfast et de <u>lunch</u>.

B.S. n.m. Voir **bien-être social**.

BUANDERIE n.f. *Je dois passer à la* **buanderie** *avant d'aller te voir.* (Laverie automatique.)

BÛCHE n.f. *Je suis content de te revoir.* **Tire-toi une bûche !** (Assieds-toi.)

BÛCHER v. *Ils sont partis* **bûcher** *en Abitibi.* (Abattre des arbres.)

BULLSHIT (se prononce «boullshit») n.f. *Cette publicité, c'est* **de la bullshit !** (De la frime, des conneries.) **A.** Mot anglais.

BUM (se prononce «bomme») n.m. *C'est un* **bum**. (Voyou, fainéant.) **A.** Mot anglais.

BUMMER (se prononce «bommé») v. **1.** *Cet individu louche* **bummait** *de l'argent à tout le monde.* (Quêter.) **2.** *Elle a* **bummé** *en ville toute la semaine.* (Flâner.) **A.** To bum.

1. BUMPER (se prononce « bommpeur ») n.m. *À cause de l'accident, le **bumper** était amoché.* (Pare-chocs.) **A.** Mot anglais.

2. BUMPER (se prononce « bommpé ») v. *Certains employés vont se faire **bumper**.* (Supplanter.) **A.** *To bump.*

L'esprit enjoué, les manières douces et polies sont communes à tous ; et la rusticité, soit dans le langage, soit dans les façons, n'est pas même connue dans les campagnes les plus écartées.

PÈRE CHARLEVOIX
*Histoire et description
de la Nouvelle-France*

⚜ ⚜ ⚜

ÇA pron. dém. *On peut rien y faire.* **C'est ça qui est ça !** **R.** Expression de fatalité.

CABANE n.f. *Nous irons à la* **cabane à sucre** *demain.* (Bâtiment où l'on fabrique le sucre d'érable, sucrerie d'érablière.) **R.** Lieu de rassemblement populaire au printemps, généralement en forêt.

CABANON n.m. *J'ai rangé les outils dans le* **cabanon**, *derrière la maison.* (Hangar, remise.)

CABARET n.m. *La serveuse a mis les assiettes dans son* **cabaret**. (Plateau.) **V.** Vieux français.

CACHETTE n.f. *Les enfants aiment jouer* **à [la] cachette**. (À cache-cache.) **V.** Vieux français.

CADRAN n.m. *Ajuste ton* **cadran** *si tu veux te lever à temps.* (Réveille-matin.)

CALER v. Comme ailleurs dans la francophonie, on dit au Québec : *être* **calé** *en math* (fort) et **caler** *dans l'eau* (s'enfoncer). Cependant, ce mot a des sens qui n'existent pas en Europe, tels que : **1.** *Il a **calé** sa bière et nous sommes partis.* (Vider d'un trait.) **2.** *Le lac a **calé** au début d'avril.* (La glace du lac a cédé.) **3.** *Il avait les cheveux longs avant, mais maintenant, il commence à **caler**.* (Perdre ses cheveux, devenir chauve.) **4.** *On dirait qu'il veut le **caler** davantage.* (Mettre en mauvaise posture.)

CÂLER v. **1.** *Nous avons **câlé** du poulet frit.* (Commander.) **2.** *À la chasse, ils ont **câlé** l'orignal.* (Imiter le cri de l'élan en rut.) **A.** *To call.*

CÂLIK ou **CÂLIQUE** juron

CÂLINE juron

CÂLISSE juron

CÂLISSER v. **1.** *Arrête tes folies ou je te **câlisse** dehors* (mettre à la porte.) **2.** *Il l'a pris la main dans le sac et lui a **câlissé** toute une volée.* (Donner.) **3.** *Je l'ai **câlissé** là et j'chu parti en courant.* (Laisser, abandonner.) **4.** v.pron. *Il s'est toujours **câlissé** de nous autres.* (Se foutre.) * Vulg.

CALL n.m. *La police a reçu un **call** pour se rendre sur les lieux.* (Appel.) **A.** Mot anglais.

CALORIFÈRE n.m. *Le **calorifère** est froid. Il faut le faire réparer.* (Convecteur, radiateur électrique.)

CALVAIRE juron

CAMELOT n.m. *Le petit **camelot** passe tôt le matin.* (Livreur de journaux.)

CAMÉRA n.f. *Va chercher ta **caméra** pour avoir un souvenir de ça.* (Appareil photo.) **A.** Anglic. dans ce sens.

CAMION n.m. *Le **camion de vidanges** fait notre rue à onze heures.* (Voiture poubelles, benne à ordures.)

CAMISOLE n.f. *Il porte une **camisole** sous sa chemise.* (Maillot de corps, débardeur, tricot de peau.) **V.** Vieux français.

CAMP n.m. **1.** *Il a bâti un petit camp en haut de la montagne.* (Chalet.) **2.** *Ça va bien ici depuis qu'il a sacré son camp.* (Foutre le camp, se barrer, se tailler.)

CANAL n.m. *On peut prendre une vingtaine de canaux avec le câble.* (Chaîne de télévision.) **A.** Dérivé de channel.

CANCELLÉ, E adj. *Le vol de 19 h est cancellé.* (Annulé.) **A.** *Canceled.* **R.** Mot d'origine latine.

CANCELLER v. *Il faut canceller notre sortie au théâtre.* (Annuler.) **A.** *To cancel.* **R.** Mot d'origine latine.

CANCER n.m. *Penses-tu aller loin avec ton vieux cancer ?* (Tacot.)

CAP n.m. **1.** *Il a perdu un cap de roue en se rendant à Gaspé.* (Enjoliveur.) **2.** *Je n'arrive pas à enlever le cap sur ma bouteille de bière.* (Capsule.) **A.** Mot anglais.

CAPABLE adj. *Chu pas capable de la voir depuis cet accident.* (C'est difficile pour moi.)

CAPLAN n.m. *On n'a pas pêché beaucoup de caplans cette année.* (Capelan.)

CAPOT n.m. *Ce politicien a viré son capot de bord malgré toutes ses promesses.* (Changer d'avis ou de comportement, retourner sa veste.) **R.** Se dit aussi d'un transfuge, d'un député qui a changé de parti.

CAPOTANT, E adj. *Je n'avais pas vu de film aussi capotant depuis longtemps.* (Renversant.)

CAPOTÉ, E adj. *Il est complètement capoté pour sa nouvelle blonde.* (Fou, toqué.)

CAPOTER v. *Capote pas avec ça. C'est juste un jeu.* (S'emporter, perdre la tête.)

CAPSULE n.f. *Pour la radio, elle a préparé une série de capsules d'informations sur cette maladie.* (Message court.)

CARIBOU n.m. **1.** *Il existe encore un troupeau de caribous dans le parc de la Gaspésie.* (Renne.) **R.** Mot amérindien. **2.** *Les gens boivent du **caribou** durant le Carnaval de Québec.* (Mélange de vin et de whisky.)

CARRÉ n.m. **1.** *Elle a loué une chambre près du **carré** Saint-Louis.* (Place, *square*.) **2.** *Les enfants veulent jouer dans le **carré de sable**.* (Bac à sable.)

CARREAUTÉ, E adj. *Les chemises **carreautées** reviennent à la mode.* (À carreaux.)

CARROSSE n.m. *Elle promène son bébé dans le **carrosse**.* (Landau, voiture d'enfant.)

CARROUSEL n.m. *Une file d'enfants attendaient que le **carrousel** s'arrête.* (Manège.) **R.** En usage aussi en Belgique et en Suisse.

CARTABLE n.m. *Je manque de feuilles mobiles dans mon **cartable**.* (Classeur, reliure.) **R.** En Europe, le mot «cartable» désigne un sac d'écolier.

CARTE n.f. **1.** *On dirait que le tremblement de terre a mis la ville **sur la carte**.* (En évidence, en vue.) **A.** *On the map.* **2.** *Je vous laisse ma **carte d'affaires**, si vous voulez me rappeler.* (Carte professionnelle, carte de visite.) **A.** *Business card.*

CARTE-SANTÉ ou **CARTE-SOLEIL** n.f. *Vous devez présenter votre **carte-santé** en arrivant.* (Carte d'assurance-maladie.) **R.** Familièrement appelée en France «carte de sécu».

CARTON n.m. *Vous auriez pas un **carton** d'allumettes?* (Pochette.)

CARTOON (se prononce «cartoune») n.m. **1.** *Les enfants adorent regarder les **cartoons** à la télévision.* (Dessins animés.) **A.** Mot anglais. **2.** *J'ai acheté un **cartoon** de cigarettes.* (Cartouche.) **A.** Dérivé de *carton*.

CAS n.m. *Je ne sais vraiment pas quoi faire. **En tout cas!*** (Enfin!) **R.** Expression bouche-trou, très courante, équivalente au *anyway* anglais.

1. CASE n.f. *Tu dois mettre ton blouson dans ta **case**, avant le cours.* (Casier, armoire métallique.)

2. CASE (se prononce « kéisse ») n.m. *Je préfère placer ma guitare dans son **case** pour la protéger.* (Étui.) **A.** Mot anglais.

CASH n.m. **1.** *Un jour, il va devoir **passer au cash**.* (Régler ses comptes.) **2.** *Il avait promis de venir. Elle a pris ça **pour du cash**.* (Au sérieux.) **A.** Mot anglais.

CASIER n.m. *Il a oublié de m'indiquer son **casier postal**.* (Case ou boîte postale.)

CASQUE n.m. *Je refuse de continuer. J'en ai **plein mon casque**.* (Amplement, ras-le-bol.) * Se prononce parfois « casse ».

CASSÉ, E adj. *Je n'ai pas reçu ma paye. Je suis complètement **cassé**.* (Fauché.) **A.** *Broke.* **R.** En Europe, le mot, au sens figuré, signifie « fatigué ».

CASSE-CROÛTE n.m. *Nous avons mangé dans un **casse-croûte**.* (Petit restaurant bon marché.)

CASSER v. *Ils se sont fréquentés, mais ils ont **cassé** dernièrement.* (Rompre.)

CASSE-TÊTE n.m. *Pour ta fille, j'ai acheté un **casse-tête** de 500 morceaux.* (Puzzle.)

CASSEUX, EUSE n. *Je n'aime pas passer pour un **casseux de party**.* (Trouble-fête, raseur.)

CASSOT ou **CASSEAU** n.m. *J'aimerais avoir un **cassot** de fraises pour préparer un bon dessert.* (Barquette.)

CATALOGNE n.f. *Elle leur a donné une **catalogne** en cadeau de noces.* (Couverture faite au métier et composée de bandes de tissu en général de diverses couleurs.)

CATCHER v. *J'ai pas réussi à **catcher** tout ce qu'il disait.* (Saisir, comprendre.) **A.** *To catch.*

CATCHEUR n.m. *Le **catcheur** a bien prévu le jeu.* (Receveur, au baseball.) **A.** *Catcher.*

CAUCUS (se prononce « cocusse ») n.m. **1.** *Le premier ministre a réuni son **caucus** pour discuter de la crise* *des transports.* (Comité restreint, réuni en privé.) **2.** *Notre équipe fait toujours un **caucus** avant de commencer la partie.* (Réunion, rencontre.) **A.** Mot anglais.

CAUSE conj. *J'ai pas pu y aller **à cause que** mon patron m'a demandé de rester.* (Parce que.) **V.** Vieux français.

CAVE n. et adj. Voir *niaiseux.*

CÉDULE n.f. *Notre équipe a une belle **cédule** dans les deux prochaines semaines.* (Calendrier.) **A.** *Schedule.*

CÉDULER v. *Nous avons **cédulé** le match à 14 h.* (Programmer, inscrire à l'horaire.) **A.** *To schedule.*

CÉGEP n.m. *Après le **cégep**, elle aimerait bien entrer à l'université.* (Collège.) **R.** «Cégep» est un acronyme qui vient de «collège d'enseignement général et professionnel». Il s'agit du niveau scolaire précédant l'université. Les élèves suivent le cheminement général de deux ans avant d'aller à l'université, ou le cheminement professionnel de trois ans pour entrer sur le marché du travail. On emploie généralement l'adjectif «collégial», mais on désigne les élèves qui le fréquentent par le nom de « cégépiens » et «cégépiennes».

CEINTURE n.f. *Rares sont ceux qui portent des **ceintures fléchées** durant le Carnaval de Québec.* (Large ceinture de laine multicolore.) **R.** À l'occasion de certaines fêtes folkloriques.

CENNE n.f. *Elle m'a remis une poignée de vieilles **cennes** noires.* (Cent, sou.)

CENTRE D'ACCUEIL n.m. *Ma grand-mère ne veut pas aller vivre au **centre d'accueil**.* (Résidence pour personnes âgées.)

CENTRE D'ACHATS n.m. *Ton frère l'a rencontrée au **centre d'achats**.* (Centre commercial.) **A.** Calque de *shopping center.*

CERISE n.f. *Ce que tu m'annonces là, c'est **la cerise sur le sundae**!* (L'élément qui vient compléter le tout.)

CERTIFICAT-CADEAU n.m. *La station CABC lui a remis un **certificat-cadeau** de 250 $.* (Chèque-cadeau.) **A.** Calque de *gift certificate*.

CHAINSAW n.f. *Il a débité l'arbre à la **chainsaw**.* (Tronçonneuse, scie mécanique.) **R.** On dit aussi *scie à chaîne*. **A.** Mot anglais.

CHAISE n.f. *Il aime se reposer dans sa **chaise berçante** [ou **chaise berceuse**] après souper.* (Fauteuil, chaise à bascule.)

CHAMBRE n.f. *Donne-moi cinq minutes, je passe à la **chambre de bain**.* (Salle de bain.) **A.** Calque de *bathroom*.

CHAMPLURE n.f. *Ferme la **champlure** après avoir pris ton bain.* (Robinet.) **V.** Vieux français. Déformation de «chantepleure».

CHANCEUX, EUSE n. et adj. *Tu as été **chanceux** d'arriver avant la fermeture du magasin.* (En Europe, on dira plutôt : *Tu as eu de la chance*...)

CHANDAIL n.m. *Tu as plein de **chandails** dans tes tiroirs.* (Au Québec, on emploie plus rarement les termes «tricot» ou «pull».)

CHANDELLE n.f. *Sept **chandelles** sur ton gâteau, ma grande!* (Bougie.) **V.** Vieux français.

CHANGE n.m. **1.** *Avez-vous **du change** pour deux dollars?* (De la monnaie.) **2.** *Je vais avoir besoin de **tout mon petit change** pour battre cet adversaire.* (De toutes mes forces.) **A.** Anglic. dans ces sens.

CHANGEMENT n.m. *Je passe au garage pour un **changement d'huile**.* (Vidange d'huile.) **A.** *Oil change*.

CHANGER v. *Avant de faire l'épicerie, je dois **changer** mon chèque.* (Encaisser.) **A.** *To change*.

CHANSONNIER n.m. *Vigneault, Charlebois et Ferland sont des **chansonniers** qui ont fait connaître le Québec* *en Europe.* (Chanteur, auteur.) **R.** Le mot, en Europe, est réservé aux auteurs de chansons satiriques.

CHAPEAU n.m. **1.** *Il a parlé à travers son chapeau.* (À tort et à travers.) **A.** *To talk throught one's hat.* **2.** *Ils ont besoin d'argent. On va passer le chapeau.* (Amasser de l'argent, faire une collecte.) **A.** *To pass the hat.* **3.** *Ce fut une belle soirée pour lui, avec son tour du chapeau.* (Expression typique du hockey, lorsqu'un joueur parvient à compter trois buts dans une même rencontre.)

CHAPITRE n.m. *Notre association veut établir un chapitre dans la région.* (Section.) **A.** *Chapter.*

CHAQUE adj. **1.** *Je suis prêt à vendre mes outils 10 $ chaque.* (Chacun.) **2.** *À chaque fois qu'elle vient, les employés ont un meilleur moral.* (Chaque fois.) **R.** Au Québec, on ajoute un «à» à cette expression.

CHAR n.m. **1.** *Le conducteur a embouti mon char.* (Automobile.) **R.** Extension de sens. Ce n'est pas pour autant un char... d'assaut. **2.** *Ça m'a surpris. Il y avait un char de police devant la maison.* (Voiture de police.) **3.** *C'est pas les gros chars.* (C'est pas le Pérou.)

CHARGE n.f. **1.** *Elle était en charge de toute l'organisation technique du festival.* (Responsable de, chargé de.) **A.** *In charge of.* **2.** *Vous avez un appel à charges renversées.* (Appel en P.C.V., paiement contre vérification, payable à l'arrivée, «à frais virés» – terminologie de Bell Canada.) **A.** *With charges reversed.*

CHARGER v. **1.** *Combien chargez-vous pour un nouveau revêtement sur la maison ?* (Demander, réclamer.) **2.** *Pourriez-vous charger ces meubles sur mon compte, s'il vous plaît ?* (Facturer.) **A.** *To charge.*

CHARRUE n.f. *La charrue a déblayé toutes les rues après la tempête de neige.* (Chasse-neige.)

CHÂSSIS n.m. *Veux-tu m'aider à nettoyer le châssis du salon ?* (Fenêtre, cadre de la fenêtre.) **V.** Vieux français.

CHAT n.m. **1.** *Il n'y avait **pas un chat** dans la salle.* (Personne.) **2.** *Les manteaux en **chat sauvage** étaient autrefois à la mode.* (Raton laveur.)

CHAUDIÈRE n.f. *Apporte la **chaudière** d'eau.* (Seau, récipient.) **V.** Vieux français.

CHAUDRON n.m. *Pour cuisiner, j'ai besoin d'un grand **chaudron**.* (Aussi courant que «casserole».)

CHAUFFER v. *C'est un long trajet. Peux-tu **chauffer** un peu?* (Conduire.)

CHAUFFERETTE n.f. *Je vais allumer la **chaufferette**. C'est froid dans l'auto.* (Radiateur.)

CHEAP (se prononce «tchiip») adj. **1.** *Seulement cinq dollars pour tout ça? C'est **cheap**.* (Bon marché.) **2.** *Ce vêtement est **cheap**.* (De mauvaise qualité.) **3.** *Tu ne laisses pas un pourboire? Tu es **cheap**.* (Chiche, mesquin.) **A.** Mot anglais.

CHÉCKER (se prononce «tchéké») v. **1.** *Il était bien **chéké**!* (Habiller.) **R.** Tournure possible: *J'voudrais sortir en ville, mais je suis pas **chéké pour**.* (Habillé pour cela.) **2.** *Peux-tu **chécker** pour voir si elle va passer prendre son livre?* (Vérifier.) **3.** ***Chècke-le** l'autre là-bas!* (Regarde-le un peu.) **4.** *Les joueurs se sont fait **chécker** durant toute la partie.* (Bloquer, mettre en échec.) **A.** *To check.*

CHECK-UP (se prononce «tchékope») n.m. *Hier, je suis allé à l'hôpital pour un **check-up**. Et le même jour, ma voiture passait un **check-up** au garage!* (Examen, bilan de santé, vérification.) **A.** *Checkup.*

CHEESE n.m. *Un **cheese**, s'il vous plaît!* (Hamburger-fromage.) **A.** Abrév. de *cheeseburger.*

CHEFFERIE n.f. *Il y aura trois candidats à la **chefferie** du parti.* (Direction, présidence.)

CHEMIN n.m. *Tu as oublié de mettre ce vieux meuble **au chemin**.* (Au rebut.)

CHÈQUE n.m. Voir ***blanc*** et ***fonds***.

CHEVREUIL n.m. *La population de **chevreuils** a diminué dans nos forêts.* (Cerf de Virginie.)

CHEZ prép. Les Québécois, qui ont pourtant le tutoiement facile, utilisent fréquemment les expressions **chez nous**, **chez vous** et **chez eux** dans le sens de «chez moi», «chez toi» ou «chez lui». Ainsi : *Je m'en vais **chez nous*** (dans le sens de : chez moi). *C'est beau **chez vous*** (qui signifie : chez toi). *Il est parti **chez eux*** (chez lui).

CHIAC n.m. *Il a un accent acadien. Ça sonne comme du **chiac**.* (Argot.) **R.** Le parler des francophones du sud-est du Nouveau-Brunswick et de la Nouvelle-Écosse, avec un accent anglais.

CHIALEUX, EUSE n. et adj. *Ils sont jamais contents. Ils sont **chialeux**.* (Grincheux, râleur.)

CHIARD n.m. **1.** *Encore du **chiard** pour le dîner !* (Mets composé de bœuf et de pommes de terre cuits en casserole.) **2.** *Tu nous as mis **dans un beau chiard**.* (Dans le pétrin.) **3.** *Il fait tout un **chiard** de son affaire.* (Histoire, drame.)

CHICOTER v. *Ça me **chicotait**. Je me doutais qu'il y avait un piège.* (Agacer, tracasser, chipoter.) **R.** Attention, en Afrique francophone, «chicoter un enfant» signifie le fouetter.

CHIEN 1. n.m. *Elle a prouvé qu'elle avait **du chien**.* (Du caractère, de la détermination.) **R.** En France, pour une femme, l'expression signifie être attirante, avoir du *sex-appeal*. **2.** n.m. *Je n'ai pas besoin d'un **chien de poche** pendant toute la soirée.* (Chaperon.) **3.** n.m. *Tu y crois encore ? Moi, je pense que **son chien est mort**.* (C'est fini, il n'y a plus de chance.) **4.** adj. *Je trouve ça **chien** de ta part.* (Malvenu, méchant.) * Vulg. dans ce sens.

CHIENNE n.f. **1.** *Il **avait la chienne** d'entrer seul dans le hangar.* (Avoir la trouille.) **R.** Les expressions équivalentes «avoir les jetons», «avoir la pétoche» et «avoir les foies» sont peu connues au Québec. **2.** *Chaque fois*

que je marche dans cette rue, **la chienne me pogne**.
(La peur me prend.) * Vulg. **3.** *C'est lui,* **l'enfant de chienne***!* (L'enfant de pute.) * Vulg.

CHIFFRE n.m. *Il travaille sur le* **chiffre** *de nuit.* (Quart de travail.) **A.** *Shift.*

CHIROPRATIQUE n.f. *Il a reçu des traitements de* **chiropratique**. (Chiropraxie, chiropractie.)

CHNOUTE n.f. *Ce genre d'ordinateur,* **ça vaut pas de la chnoute**. (C'est de la merde.)

CHOKE (se prononce « tchôke ») n.m. *L'hiver, le* **choke** *de l'auto reste parfois collé.* (Étrangleur, *starter.*) **A.** Mot anglais.

CHOQUÉ, E adj. *J'étais très* **choqué** *après ma voisine.* (Fâché.)

CHOQUER (SE) v. pron. *Souvent, elle* **se choque** *contre ses manies curieuses.* (Se fâcher.)

CHOUCLAQUE n.m. ou f. *Ça prend de bons* **chouclaques** *pour faire cette excursion.* (Tennis.)

CHRYSLER n.m. *Nous avons loué un vieux* **Chrysler** *des années 70.* **R.** Les Québécois prononcent « kraillsleur », les Européens « krislère ».

CHU v. **1.** **Chu** *parti sans laisser d'adresse.* (Je suis.) **2.** **Chu-ti** *encore membre de ton groupe?* (Suis-je?) **R.** Certains écrivent « chus ».

CHUM (se prononce « tchomme ») n.m. parfois f. *C'est un de mes bons* **chums**. (Ami, copain.) **R.** Lorsqu'une fille parle de son « chum », cela peut vouloir dire son ami de cœur. **A.** Mot anglais.

CIBOIRE juron

CIBOLE juron

CIRCULAIRE n.f. *Ma boîte à malle est remplie de* **circulaires**. (Publicité, prospectus.)

CIRER v. *Il s'occupe de* **cirer** *les skis de fond.* (Farter.) **A.** *To wax.* **R.** « Cirage » signifie « fartage ».

CISEAU n.m. **1.** *Ça se fait pas* **en criant ciseau**. (Instantanément.) **2.** *Il veut réparer le toit, mais il n'a pas de* **ciseaux à tôle**. (Cisailles.)

CLAIR, E adj. *Je fais beaucoup d'argent brut, mais mon revenu* **clair** *est moindre.* (Net.) **A.** *Clear.*

CLAIRANCE n.f. *Le tunnel a sept mètres de* **clairance**. (Espace libre.) **A.** *Clearance.*

CLAIRER v. **1.** *Je voudrais* **clairer** *ça au plus vite.* (Achever, terminer.) **2.** *Le patron a* **clairé** *deux employés.* (Congédier.) **3.** *Il a réussi à* **clairer** *sa dette.* (Acquitter.) **4.** v. pron. *Le temps va* **se clairer** *pour demain.* (S'éclaircir.) **A.** *To clear.*

CLAM n.f. **1.** *Son père avait promis de préparer une soupe aux* **clams**. (Palourde.) **A.** Mot anglais. **2.** *Ils faisaient un concours pour savoir qui lancerait sa* **clam** *le plus loin.* (Crachat.) * Vulg. dans ce sens.

CLAPBOARD (se prononce «clabor») n.m. *Sa maison est couverte de* **clapboard** *d'aluminium.* (Panneau de recouvrement.) **A.** Mot anglais.

CLAQUE n.f. **1.** *Il a oublié ses* **claques** *au restaurant.* (Couvre-chaussures.) **2.** *Depuis deux ans, cette industrie a* **mangé une claque** [ou **mangé sa claque**]. (Avoir des moments difficiles.) **3.** *Il l'a fait* **d'une seule claque**. (D'un seul coup.) **4.** *Allez !* **Donnes-y la claque** *!* (Foncer, insister.)

CLEANER v. *Il aura son argent quand il aura* **cleané** *le garage.* (Nettoyer.) **A.** *To clean.*

CLENCHE n.f. *Vous devez appuyer sur la* **clenche** *de la porte.* (Loquet.) **V.** Vieux français.

CLINIQUE n.f. *Il se rend à la* **clinique de sang**. (Collecte de sang.) **A.** *Blood clinic.*

CLOS n.m. *Tu te rappelles, on a failli* **prendre le clos**. (Sortir de la route.)

CLOU n.m. **1.** *Il continuait sa longue conférence, mais moi, je* **cognais des clous**. (Somnoler.) **2.** *Cette* *année-là, j'étais* **cassé comme un clou**. (Fauché, sans le sou.)

CLUTCH (se prononce « clotche ») n.f. *Il a eu un problème avec sa* **clutch**. (Pédale d'embrayage.) **A.** Mot anglais.

COACH n.m. *Le* **coach** *veut que les joueurs fassent des exercices*. (Entraîneur.) **A.** Mot anglais.

COACHING n.m. *Après le* **coaching**, *il pourra mieux comprendre les nuances*. (Cours préparatoire.) **A.** Mot anglais.

COAT n.m. *Son* **coat** *est trop grand pour lui*. (Manteau.) **A.** Mot anglais. Ce qu'on appelle familièrement « coat à queue » au Québec, avec les basques par-derrière, est un habit en France.

COCHE n.f. **1.** *Avec un couteau, votre enfant a fait des* **coches** *dans mon canard de bois*. (Entaille, encoche.) **2.** *La tension a encore monté d'une* **coche**. (Cran.) **3.** *Encore une* **coche mal taillée** *de sa part*. (Erreur, bévue.) **V.** Vieux français.

COCOTTE n.f. *J'aime beaucoup ramasser les* **cocottes**. *Ça vous plairait de venir avec moi ?* (Le mot peut vouloir dire « fille aux mœurs légères », comme en France, mais aussi : pomme de pin ou d'épicéa, cône, pigne, pive.)

CODE n.m. *Quel est le* **code régional** *pour Laval ?* (Indicatif régional, pour les appels téléphoniques interurbains.) **A.** *Area code*. Anglic. dans ce sens.

CŒUR n.m. *Tes copains* **se sont arraché le cœur à l'ouvrage** *pour terminer ce travail*. (Se donner beaucoup de mal, se mettre en quatre.)

COIN n.m. *Il avait tendance à* **tourner les coins ronds**. (Éviter les détails, s'éloigner des difficultés.)

COLLÉGIAL n.m. et adj. *Il a enseigné trois ans au* **collégial**. (Ordre d'enseignement qui suit les études secondaires.) **R.** Voir **cégep**.

COLON n.m. *Arrête, tu vas passer pour un* **colon**. (Ignorant, rustre.)

COMBLER v. *Le directeur veut* **combler** *ces deux postes avant ses vacances.* (Pourvoir.)

COMMANDITAIRE n.m. *Si les étudiants veulent faire ce voyage éducatif, ils devront trouver des* **commanditaires**. (*Sponsor*, organisme qui apporte un soutien matériel pour l'organisation d'une activité.) **R.** Recomm. OLF.

COMMANDITER v. *Cette compagnie accepte de* **commanditer** *notre festival d'automne.* (*Sponsoriser*, parrainer.) **R.** Recomm. OLF.

COMMENT adv. **Comment** *ça coûte ?* (Combien.)

COMMERCIAL n.m. *La compagnie a acheté des* **commerciaux** *à la télévision pour le nouveau produit.* (Message publicitaire.) **A.** Mot anglais.

COMMISSION n.f. *Il faut s'adresser à la* **commission scolaire** *de la région pour obtenir un emploi d'enseignant.* (Administration régionale des écoles.) **R.** Équivalent approximatif de « académie » en France.

COMPAGNIE n.f. *Il y a deux* **compagnies de finances** *qui sont à sa recherche.* (Compagnie de crédit, société de financement.) **A.** *Finance company.*

COMPÉTITIONNER v. *Je souhaite* **compétitionner** *aux prochains jeux régionaux.* (Participer.)

COMPLÉTER v. *Pouvez-vous* **compléter** *le formulaire s'il vous plaît ?* (Remplir.) **A.** *To complete a form.*

COMPRENABLE adj. *Dans un tel cas, c'est* **comprenable**. (Compréhensible.)

COMPTOIR n.m. **1.** *J'ai oublié le gâteau sur le* **comptoir** *de la cuisine.* (Plan de travail.) **2.** *Va voir au* **comptoir** *des viandes.* (Mot plus employé que « rayon ».)

COMTÉ n.m. *Le parti au pouvoir devrait remporter une trentaine de* **comtés** *aux prochaines élections.* (Circonscription électorale.)

CONCERNÉ, E adj. *En autant que je suis concerné*, *je préfère ce vêtement.* (En ce qui me concerne.) **A.** *As far as I am concerned.*

CONDOMINIUM ou **CONDO** n.m. *Ils ont laissé leur appartement pour s'acheter un condo.* (Logement en copropriété.) **A.** Mot anglais.

CONFORTABLE adj. *Vous vous sentirez confortable avec ces personnes.* (À l'aise.) **A.** Anglic. dans ce sens. **R.** D'ordinaire, en français, une chose peut être confortable, mais pas une personne.

CONGÉDIER v. *Vous avez tort de congédier cet employé.* (Plus courant que «licencier».)

CONNECTER v. *J'avais oublié de connecter la lampe.* (Brancher.) **R.** Voir aussi *ploguer.*

CONSERVATEUR, TRICE adj. *Le sondage est étonnant, et ce sont des chiffres très conservateurs.* (Modéré, prudent.) **A.** *Conservative.* Anglic. dans ce sens.

CONTRACTEUR n.m. *Il a appelé un contracteur pour réparer le pont.* (Entrepreneur.) **A.** *Contractor.*

CONTRAT n.m. *Elle a obtenu un travail à contrat pour tout l'été.* (À forfait.) **A.** *Contract job.*

CONTRECRISSER (SE) v. pron. *Elle lui doit un peu d'argent, mais il s'en contrecrisse royalement.* (S'en foutre.) * Vulg.

CONTRÔLE n.m. *La machine est réparée. Tout est sous contrôle.* (Nous avons la situation bien en main, nous contrôlons la situation.) **A.** *Under control.*

CONTRÔLER v. *Les pompiers ont réussi à contrôler l'incendie tard dans la nuit.* (Maîtriser.) **A.** *To control.* Anglic. dans ce sens.

CONVENTUM n.m. *J'ai hâte au conventum, pour revoir des collègues.* (Amicale de diplômés d'un établissement scolaire.)

COOK n.m. *Je fais confiance au cook.* (Cuisinier.) **A.** Mot anglais.

COPIE n.f. *La bibliothèque veut acheter cinq* **copies** *de ce livre.* (Exemplaire.) **A.** *Copy.* Anglic. dans ce sens.

COQUERELLE n.f. *Il nous a prévenus que cette chambre pouvait abriter des* **coquerelles**. (Blatte, cafard.) **A.** *Cockroach.*

COQUERON n.m. *Il habite un véritable* **coqueron** *au centre-ville.* (Logement modeste et exigu.)

CORDE n.f. **1.** *Ton pantalon est sur la* **corde à linge**. (Fil à linge.) **2.** *On dirait que tu as passé la nuit* **sur la corde à linge**. (Dehors.)

CORONER n.m. *Il faut aviser le* **coroner** *de ces paroles suspectes.* (Juge d'instruction.) **A.** Mot anglais.

CORRECT adv. *C'est* **correct**. *Tu as très bien passé ton examen.* (Parfait.) **R.** Au Québec, «correct» peut avoir le sens de : réussi, bien, et même très bien. En France, il signifie plutôt : passable, acceptable, conforme.

COSTUME n.m. *Apporte ton* **costume de bain**, *on va à la plage.* (Plus courant que «maillot de bain».)

COTATION n.f. *Ce marchand a présenté une* **cotation** *très convenable.* (Devis, soumission de prix.) **A.** *Quotation.* Anglic. dans ce sens.

COTE n.f. *Il faudrait connaître la* **cote d'écoute** *avant d'investir dans cette émission.* (Audience, taux d'écoute.)

COTON **1.** n.m. *On voit bien que cet homme est* **au coton**. (À la limite de ses possibilités, au bout de ses forces.) **2.** adj. inv. *Son plan de rénovation,* **ça fait coton**. (C'est lamentable.)

COUDON adv. **Coudon**, *c'est qui ce gars-là ?* (Au fait, pendant que j'y pense.) **R.** Déformation de «écoute donc».

COUENNE n.f. *Fais-toi-z-en pas, il* **a la couenne dure**. (Avoir la peau dure, pouvoir encaisser le choc.)

COULER v. **1.** *Je fais venir le plombier, le tuyau* **coule** *encore.* (Fuir.) **2.** *Je pense que je vais encore* **couler** *mon examen de math.* (Caler, échouer à.)

COULISSE n.f. *Il y avait plusieurs* **coulisses** *vertes sur le pot de peinture.* (Coulure.)

COUPER v. *Ils ont* **coupé les prix** *pour faire face à la concurrence.* (Réduire, casser les prix.) **A.** *To cut.* Anglic. dans ce sens.

COUPLE n.f. *J'ai* **une couple de** *choses à terminer.* (Quelques, certaines.)

COUPURE n.f. *Le patron a annoncé des* **coupures** *dans le budget.* (Compression.) **A.** *Cuts.*

COURAILLEUX, EUSE n. *Elle s'est rendu compte après le mariage qu'il était un* **courailleux**. (Coureur de jupons.)

COUR À SCRAP n.f. *Il est allé porter ses vieilles portières à la* **cour à scrap**. (Dépotoir, casse.) **A.** *Scrap yard.*

COURRIÉRISTE n. *Le journal n'a qu'un seul* **courriériste parlementaire** *à Ottawa.* (Correspondant, journaliste attaché à la galerie de la presse au Parlement fédéral ou à l'Assemblée nationale.)

COURS n.m. *Après son* **cours secondaire**, *il entre au cégep.* (Études secondaires.)

COURSE n.f. *Il n'arrête jamais. Il est toujours* **à [la] course**. (Pressé.)

COURT (À) loc. *Tu veux 20 $? Tu me prends* **à court**. *Je n'ai rien sur moi.* (De court.)

COUSSIN n.m. *Les nouvelles voitures sont munies de* **coussins gonflables**. (*Airbag.*)

COÛT n.m. *Avez-vous bien évalué tous les* **coûts d'opération** *?* (Frais d'exploitation.) **A.** *Operating cost.*

COUTELLERIE n.f. *Ils ont sorti la belle* **coutellerie** *du dimanche pour accueillir leurs amis belges.* (Service de couverts.) **R.** Sens élargi.

COUVERT n.m. *Il faut remettre le **couvert** sur le pot pour que les marinades gardent leur goût.* (Couvercle.) **R.** Au Québec, on parle aussi du couvert d'un livre pour signifier sa couverture.

COUVERTE n.f. *Il fait froid. Tu as une **couverte**?* (Couverture.) **V.** Vieux français.

CRACKPOT n.m. *Ton frère est un peu **crackpot** sur les bords!* (Fou.) **A.** Mot anglais.

CRAMPANT, E adj. *J'ai beaucoup ri. C'était **crampant**.* (Drôle.) **R.** Assez pour avoir des crampes.

CRAMPÉ, E adj. *J'étais **crampé** [de rire].* (Plié en deux.)

CRAPAUD n.m. *Sur le quai, deux **crapauds de mer** fixaient le ciel.* (Baudroie d'Amérique, aussi appelée lotte de mer.)

CRAQUE n.f. *Il y a une **craque** dans la glace de la patinoire.* (Fissure, fente.) **A.** *Crack.*

CRAYON n.m. **1.** *De quelle sorte de **crayons** vous servez-vous?* **R.** Au Québec, le mot «crayon» ne désigne pas seulement les crayons noirs ou les crayons de couleur, mais souvent aussi les stylos à bille et les feutres. **2.** *Pour les corrections, le **crayon au plomb** est plus pratique que le stylo à bille.* (Crayon noir.)

CRÉ v. ***J'te cré** sur parole.* (Déformation de «je te crois.»)

CRÉMAGE n.m. *Son gâteau à la vanille était recouvert d'un succulent **crémage**.* (Glace.)

CRÈME n.f. **1.** *Les enfants ont eu droit à une **crème glacée** à la vanille.* (Glace à la vanille.) **A.** *Ice cream.* **R.** On entend aussi: *une **crème à glace** à la vanille.* **2.** *Je prendrais une **crème glacée molle** à l'érable, s'il vous plaît.* (Glace à l'italienne.) **A.** *Soft ice cream.*

CRÈME-SODA n.m. *Elle a demandé un **crème-soda**.* (Soda mousse.) **A.** *Cream soda.*

CRÊPE n.f. *As-tu entendu parler de l'accident au coin de la rue Beaubien, hier ? Toute une* **crêpe** *!* (Accident, catastrophe.)

CRETONS n.m.pl. **1.** *J'avais pas mangé de* **cretons** *depuis belle lurette.* **R.** Variété de rillettes. **2.** *On était gelés* **comme des cretons**. (Beaucoup.) **R.** Par le froid ou par la drogue.

CREUX adj. **1.** *Attention ! C'est* **creux** *par ici.* **R.** Le mot « creux » est employé plus souvent que « profond » pour parler, par exemple, de la profondeur d'une piscine ou d'une rivière. **2.** *C'est un village très* **creux**. (Lointain, isolé.)

CRINQUER v. **1.** *Tu as oublié de* **crinquer** *ta montre.* (Remonter.) **2.** v. pron. *Elle a tendance à* **se crinquer** *facilement.* (S'emballer.) **A.** *To crank.*

CRINQUEUX, EUSE n. *Ce gars-là, c'est un* **crinqueux** *de boss.* (Rapporteur, cafard, cafreur.)

CRISSE juron

CRISSER v. **1.** *Il s'est fait* **crisser dehors**. (Mettre à la porte.) **2.** v. pron. *Il n'est pas venu. Mais dans le fond, on* **s'en crissait**. (S'en foutre.) * Vulg.

CROCHE 1. n.m. *Tu tournes le* **croche** *et tu vas arriver devant l'école.* (Virage.) **2.** adj. *Tu vas la reconnaître facilement. Elle a encore ses dents* **croches**. (De travers.) **3.** adj. *Il* **a les yeux croches**. (Loucher, faire du strabisme.) **4.** adj. *Il a déjà été impliqué dans des affaires* **croches**. (Malhonnête.) **5.** adj. *Je me sens tout* **croche**. (Malheureux, mal dans sa peau.)

CROMEAU n.m. *Je ne sors pas ! Tu me présentes toujours les mêmes* **cromeaux**. (Personne peu attirante physiquement.) * Vulg.

CROPPER v. *Essaie de* **cropper** *le carton qui dépasse.* (Enlever, soustraire.) **A.** *To crop.*

CROSSER v. **1.** *Il a même déjà* **crossé** *ses propres amis.* (Tromper, abuser de.) **2.** v. pron. *Il est allé se* *crosser dans les toilettes.* (Se masturber, se branler.) * Vulg.

CROSSEUR, EUSE n. et adj. *J'ai aucun respect pour ce crosseur.* (Escroc, hypocrite.) * Vulg.

CROTTE n.f. *J'ai vraiment pas apprécié. J'ai encore une crotte sur le cœur.* (De l'amertume.)

CROUSTILLE n.f. *Il y avait des plats de croustilles pour les visiteurs.* (*Chips.*) **R.** Recomm. OLF.

CROÛTE n.f. *J'ai encore des croûtes à manger.* (Du chemin à faire.)

CROWBAR n.m. *Il avait besoin du crowbar pour enlever le châssis.* (Pied-de-biche, levier.) **A.** Mot anglais.

CRU, E adj. *Je ne sors pas dehors. C'est trop cru.* (Frais, froid.) **V.** Vieux français.

CRUISE (se prononce « crouze ») n.m. *Il aurait aimé avoir un cruise control sur son auto, pour ce long trajet.* (Régulateur de vitesse.) **A.** Mots anglais.

CRUISER (se prononce «crouzé») v. *Il avait envie de cruiser cette fille depuis des mois.* (Draguer, courtiser.) **A.** *To cruise.*

CUE (se prononce «kiou») n.m. *Le patron m'a donné le cue hier soir.* (Signal.) **A.** Mot anglais.

CUEILLETTE n.f. *Le camion a passé très tôt pour la cueillette des ordures.* (Enlèvement, collecte.)

CUILLÈRE n.f. **1.** *André jouait du violon et François jouait de la cuillère.* **R.** Afin de battre le rythme avec deux cuillères, comme dans le folklore irlandais. **2.** *Passe-moi une cuillère à table.* (Cuillère à soupe.) **A.** *Table spoon.*

CULOTTE n.f. **1.** *Je vais m'acheter une paire de culottes.* (Pantalon.) **2.** *Il ne s'y attendait pas. Il s'est fait prendre les culottes à terre [ou: les culottes baissées].* (Par surprise.)

CUP n.m. *Un **cup** de crème et un sucre avec mon café, s'il vous plaît.* (Petit récipient, godet.) **A.** Mot anglais.

CUTE (se prononce «kioute») adj. *Elle est vraiment une fille très **cute**.* (Mignon, «trognon», «craquant».) **A.** Mot anglais.

CUTTER (se prononce «cotteur») n.m. *J'ai besoin d'un râteau et d'un **cutter**.* (Sécateur à haie.) **A.** Mot anglais.

D

Cette langue unique, incomparable, complète et parfaite autant que peut l'être un instrument humain tous les jours perfectionné, nous la sacrifions aveuglément, délibérément, à un jargon bâtard qui n'a ni origine, ni famille, ni raison d'être, ni principe, ni règle, ni avenir.

ARTHUR BUIES
Anglicismes et canadianismes

D'ABORD 1. adv. *C'est quoi, **d'abord**, le problème?* (Alors, en ce cas.) **2.** conj. ***D'abord que** tu me le donnes avant dimanche, c'est parfait.* (Pour autant que, pourvu que.) **3.** conj. ***D'abord que** tu sais tout, j'en dirai pas plus.* (Puisque.)

DANSE n.f. *En place pour une **danse carrée**!* (Quadrille.) **A.** *Square dance.*

DASH n.m. *J'ai mis son paquet de cigarettes sur le **dash**.* (Tableau de bord.) **A.** Mot anglais.

1. DATE (À) loc. adv. **1.** *Il a bien travaillé **à date**.* (Jusqu'à maintenant.) **2.** *Je vais mettre mon carnet d'adresses **à date**.* (À jour.) **A.** *Up to date.* Anglic. dans ces sens.

2. DATE (se prononce « dêite ») n.f. *Elle a enfin organisé une **date** avec son prince charmant.* (Rendez-vous.) **A.** Mot anglais.

DAY OFF n.m. *Il a profité d'un **day off** pour aller voir le film.* (Jour de congé.) **A.** Expression anglaise.

DE prép. **1.** *Peux-tu me passer le journal? J'en ai de besoin*. **R.** Un « de » précède parfois « besoin » dans l'expression « avoir besoin de ». **2.** *Personne ne va venir à part de lui.* (En Europe, on dira « à part lui ».)

DÉBALANCÉ, E adj. *Ce voyage imprévu l'a tout débalancé dans son projet de retour aux études.* (Déséquilibré, dérangé.)

DÉBARBOUILLETTE n.f. *Il a apporté un savon, une serviette et une débarbouillette.* (Petite pièce de tissu qui sert de gant de toilette.) **R.** En Suisse, on dit une « lavette ». **V.** Vieux français.

DÉBARQUE n.f. *Il a pris [toute] une débarque en descendant l'escalier.* (Tomber, ramasser une pelle, un gadin.)

DÉBARQUER v. **1.** *Débarque de la table, c'est dangereux de tomber.* (Descendre.) **2.** *J'ai débarqué de son auto et je suis venu tout de suite.* (Sortir.)

DÉBARRER v. *Tu peux entrer. J'ai débarré la porte.* (Déverrouiller.) **V.** Vieux français.

DÉBÂTIR v. *Ils préfèrent débâtir la maison et en reconstruire une neuve.* (Démolir.) **V.** Vieux français.

DÉBOSSER v. *Le garagiste m'a demandé 200 $ pour débosser l'aile de mon auto.* (Débosseler.)

DÉBOURSÉ n.m. *Il m'a demandé un premier déboursé de 50 $.* (Acompte.) **V.** Vieux français.

DEC (se prononce « dèque ») n.m. *Il faut normalement avoir obtenu un DEC avant d'entrer à l'université.* (Acronyme de diplôme d'études collégiales.)

DÉCOCRISSÉ, E adj. *Il avait l'air tout décocrissé après son échec.* (Abattu, défait.) * Vulg.

DÉCRISSER v. *Qu'est-ce qu'on attend pour décrisser?* (Partir, foutre le camp.) * Vulg.

DÉCRIVABLE adj. *Imagine qu'il était déguisé en dinosaure. C'était pas décrivable.* (Descriptible.)

DÉCROCHAGE n.m. *Dans cette école, le **taux de décrochage** est très bas.* (Pourcentage d'élèves qui quittent l'école avant d'avoir obtenu leur diplôme.)

DÉCROCHER v. *Il a **décroché** cette année, mais il veut revenir en classe en septembre.* (Quitter l'école.)

DÉCROCHEUR, EUSE n. *Un jeune **décrocheur** a souvent des difficultés à trouver de l'emploi.* (Élève qui quitte l'école avant d'avoir un diplôme.)

DEDANS prép. *Il a dit qu'il reviendrait **en dedans de** dix minutes.* (En moins de.)

DÉDUCTIBLE n.m. *J'ai payé le **déductible** et la compagnie d'assurances a remboursé les autres dépenses reliées à l'accident.* (Franchise.)

DÉFINITIVEMENT adv. *Oui, notre équipe a **définitivement** mieux joué ce soir.* **A.** Calque de l'anglais *definitely*, ce mot est parfois employé dans le sens de : certainement, nettement.

DÉFROSTER v. *Il faut que je **défroste** mes vitres avant de partir.* (Dégivrer.) **A.** *To defrost.*

DÉGRÉYER (SE) v. pron. *Je lui ai dit de se **dégréyer**, car il était tout mouillé.* (Enlever son manteau.)

DÉLAI n.m. *Il y a eu un **délai** d'une heure avant que l'avion puisse repartir.* (Retard.) **A.** *Delay.* Anglic. dans ce sens.

DÉMANCHER v. *Il a fallu **démancher** le pneu pour bien le réparer.* (Enlever, démonter.)

DÉMONSTRATEUR n.m. *Le vendeur va nous faire un bon prix pour cet ordinateur. C'est un **démonstrateur**.* (Modèle d'exposition.) **A.** *Demonstrator.*

DÉPANNEUR n.m. *Je vais chercher du pain au **dépanneur**.* (Petit magasin de coin de rue.) **R.** Il a l'avantage d'être situé à proximité de sa clientèle et d'être ouvert tard le soir. Recomm. OLF.

DÉPAREILLÉ, E adj. *Mon épouse est une femme **dépareillée**.* **R.** En Europe, ce mot indique par exemple qu'une collection est incomplète. Au Québec, ce mot peut avoir le sens de : qui n'est pas pareil aux autres, qui se démarque. Le mot, qui a une connotation péjorative en Europe, peut très bien avoir un sens positif au Québec.

DÉPARTEMENT n.m. *Vous devriez vous renseigner au* **département** *des articles de sport.* (Rayon, service.) **A.** *Department.* Anglic. dans ce sens.

DÉPASSER v. *Il a* **dépassé** *plusieurs autos en montant à Montréal.* (Doubler.)

DÉPEINTURER v. *Il m'a fallu tout l'été pour* **dépeinturer** *la maison.* (Enlever la peinture.)

DÉPENDAMMENT adv. **Dépendamment** *de leur décision, on pourra y aller.* (Selon, en fonction de.) **V.** Vieux français.

DÉRINCHER (se prononce « dérinnché ») v. *Je voulais réparer cet appareil, mais je l'ai tout* **dérinché**. (Défaire, démolir.) **A.** Dérivé de *to wrench.*

DÉROUGIR v. *C'était une journée chargée. Ça n'a pas* **dérougi**. (Cesser, diminuer.)

DÉSAISONNALISER v. *Le chômage dans cette région touristique varie beaucoup selon les périodes de l'année. Il faut* **désaisonnaliser** *pour avoir une meilleure vue d'ensemble.* (Tenir compte, dans les statistiques, du phénomène des saisons.) **R.** Recomm. OLF.

DÉSENNUI n.m. *Laisse-la s'amuser. C'est son seul* **désennui**. (Passe-temps.)

DÉSHABILLER (SE) v. pron. *Ah ! C'est un plaisir de vous revoir.* **Déshabillez-vous**. **R.** Façon d'inviter quelqu'un à enlever son manteau et son chapeau. Si cette personne enlève tous ses vêtements, c'est qu'il y a eu malentendu...

DESSOUFFLER v. *Ton ballon est trop dur, il faut le* **dessouffler** *un peu.* (Dégonfler.)

DÉTEINDU, E adj. *Le dessin sur mon tee-shirt est* **déteindu**. (Déteint.)

DEUX DE PIQUE n. Voir **niaiseux**.

DEUX WATTS n. Voir **niaiseux**.

DEVOIR n.m. *Il ne peut pas venir. Il est* **en devoir** *aujourd'hui*. (En service.) **A.** *On duty.*

DIABLE n.m. *Il n'a pas arrêté de* **mener le diable** *avec la jeune gardienne*. (Être turbulent, faire du bruit.)

DIDACTICIEL n.m. *Il a travaillé sur un projet de* **didacticiel** *pour son école*. (Logiciel.) **R.** Utilisé pour l'enseignement de notions. Recomm. OLF.

DIÉTÉTISTE n. *Une* **diététiste** *est venue parler de la nourriture devant les enfants de la classe*. (Spécialiste de l'alimentation.) **R.** On emploie «diététicien» et «diététicienne» ailleurs dans la francophonie.

DIFFÉRENCER v. *Je n'arrive pas à* **différencer** *tes deux sœurs*. (Différencier.)

1. DIMMER (se prononce «dzimeur») n.m. *Où se trouve le bouton pour le* **dimmer** *?* (Basculeur de phare, gradateur.)

2. DIMMER v. *Le conducteur qui s'en venait vers moi n'a pas* **dimmé**. *Ça m'a ébloui*. (Se mettre en code.) **A.** *To dim.*

DÎNETTE n.f. *Mon oncle a loué un chalet, avec une* **dînette** *et deux chambres*. (Petite cuisine.) **A.** *Dinette.*

1. DIRE n.m. **J'ai pour mon dire que** *l'hiver arrive toujours trop tôt*. (Selon moi.)

2. DIRE v. **1.** **M'a dire comme on dit des fois**, *les contraires s'attirent*. **R.** Formule qui annonce une expression généralement connue. **2.** *Je l'ai trouvé dans un drôle d'état*. **T'sé veux dire**... (Tu sais ce que je veux dire...) **R.** Expression souvent employée par ceux et celles qui ne savent pas comment le dire, ou bien qui vivent une telle complicité avec l'autre que les explications sont superflues. **3.** *La dernière fois que je l'ai vue, c'était une enfant.* **C'est ben pour dire.** (C'est étonnant.)

DISCONNECTER v. *Parce qu'il refusait de payer son compte, la compagnie l'a menacé de* **disconnecter** *le téléphone.* (Débrancher.) **A.** *To disconnect.*

DISCONTINUÉ, E adj. *Ces appareils* **sont discontinués** *depuis cinq ans.* (Ne se font plus, sont sans suite.) **A.** *Discontinued.*

DISCOUNT n.m. *Certains magasins offrent des* **discounts** *pour attirer les clients.* (Rabais.) **A.** Mot anglais. **R.** En France, le mot « discount » est employé, mais dans le sens de magasin proposant des rabais : *un discount vient d'ouvrir à Saint-Cloud.*

DISPATCHER v. *Chacun fait sa part. Il s'agit de bien* **dispatcher** *le travail.* (Répartir.) **A.** *To dispatch.*

DISPENDIEUX, EUSE adj. *Dans ce quartier, les logements sont très* **dispendieux**. (Coûteux, cher.) **V.** Vieux français. Plus couramment utilisé au Québec qu'en Europe.

DISPENSER v. *C'est la première fois qu'elle* **dispense** *un cours à l'université.* (Donner, offrir.)

DISTANCE n.m. Voir ***Longue distance***.

DOMPE n.f. *J'ai mis mon tacot* **à [la] dompe**. (À la ferraille.) **A.** *Dump.*

DOMPER v. *J'ai* **dompé** *mon vieux carnet de notes à la poubelle.* (Jeter, décharger.) **A.** *To dump.*

DOMPTER v. *Il n'a pas réussi à* **dompter** *son chien.* (Plus courant que « dresser ».)

DOORMAN n.m. *Il est* **doorman** *dans une discothèque huppée.* (Portier.) **A.** Mot anglais.

DORÉ n.m. *Elle a une excellente recette pour le* **doré**. (Poisson d'eau douce.)

DOS n.m. *Ce mauvais tour nous a encore **passé sur le dos**.* (Retomber dessus.) **R.** En Europe, on dira : *Je ne veux pas qu'on me mette ça sur le dos ;* au Québec : *Je ne veux pas que ça me passe sur le dos.*

DOUANCE n.f. *Nous avons à l'école une spécialiste qui s'occupe de la **douance**.* (Qualité d'une personne douée, c'est-à-dire qui possède des aptitudes intellectuelles supérieures à la moyenne.) Recomm. OLF.

DOUBLÉ, E adj. *Je me suis payé de beaux gants **doublés** pour l'hiver.* (Fourré.)

DOUILLETTE n.f. *Me ferais-tu le plaisir de remonter la **douillette** ? J'ai froid.* (Édredon, couette.)

DOWN 1. n.m. *J'ai eu un gros **down** après cet accident.* (Cafard, déclin, déprime.) **2.** adj. *J'me sens pas très bien. Je suis **down**.* (Déprimé.) **A.** Mot anglais.

DRAFT 1. n.f. *J'adore prendre une **draft** le midi.* (Bière pression.) **2.** n.m. *Je lui ai présenté un premier **draft**, mais il voulait quelque chose de plus détaillé.* (Ébauche.) **A.** Mot anglais.

DRASTIQUE adj. *Ce sont des mesures **drastiques**.* (Rigoureux, radical.) **A.** *Drastic.* Anglic. dans ce sens.

DRAVE n.f. *On s'est longtemps livré à la **drave** sur cette rivière.* (Transport du bois par flottage sur les cours d'eau.) **A.** *Drive.*

DRAVEUR n.m. *Il connaît bien la rivière, il a été **draveur**.* (Homme qui faisait circuler autrefois les billots sur la rivière, entre la forêt et l'usine.) **A.** *Driver.*

DRET adv. *Vous allez le trouver **dret en avant**, par là.* (Droit devant.)

DRILL n.f. *J'ai besoin d'une **drill** pour percer un trou.* (Foreuse, perceuse.) **A.** Mot anglais.

DRILLER v. **1.** *Gustave, il rentre jamais plus tard que six heures du soir. Sa femme l'a bien **drillé**.*

(Entraîner, former.) **2.** *Il a fallu **driller** des points d'ancrage dans la fondation.* (Percer à l'aide d'une foreuse.) **A.** *To drill.*

DRÔLE adj. *Ça goûte drôle, ce fromage. Tu ne trouves pas ?* (Le goût [de ce fromage] est bizarre.)

DROPER v. *Sa réputation risque de **droper** s'il fait encore des bêtises.* (Chuter.) **A.** *To drop.*

DROPOUT n. *Les **dropouts** reviennent parfois à l'école quand ils sont adultes.* (Jeune qui abandonne ses études.) **R.** Voir *décrocheur*. **A.** Mot anglais.

DRUM n.m. *Il a joué du **drum** dans sa jeunesse.* (Batterie.) **A.** Mot anglais.

DRUMSTICK n.m. *Veux-tu un **drumstick** pour collation ?* (Cône, glace à la vanille recouverte de chocolat aux arachides.) **R.** Marque de commerce.

DÛ À loc. prép. ***Dû aux** inondations, le magasin sera fermé demain.* (En raison de, à cause de.) **A.** *Due to.*

DULL adj. *Franchement, ce spectacle, c'est **dull**.* (Ennuyeux.) **A.** Mot anglais.

DUMP n.f. Voir *dompe*.

DUPLICATION n.f. *Le journaliste a découvert des **duplications** dans les responsabilités de ces deux ministères.* (Répétition.) **A.** Anglic. dans ce sens.

DUR, E adj. **1.** *J'étais content. Une voiture comme ça, c'est **dur** à trouver.* (Difficile.) **2.** *Je suis entré dans sa chambre. **Ça fait dur** pas mal !* (Ça manque d'ordre, c'est grave.) **2.** *Elle trouve qu'**il est dur de comprenure**.* (Il a la comprenette un peu dure.)

DURANT QUE loc. conj. ***Durant que** tu sors, je vais préparer un petit festin.* (Pendant que.) **V.** Vieux français.

E

Ici, le commerce, l'industrie, la finance, les arts, les métiers et jusqu'à l'éducation, jusqu'aux habitudes, jusqu'à la manière de dire «Bonjour» et de se moucher, tout est anglais. Comment notre langage résisterait-il à toutes ces influences extérieures qui agissent continuellement sur lui, l'enveloppent et l'étreignent?

ARTHUR BUIES
Anglicismes et canadianismes

❧ ❧ ❧

EAU n.f. **1.** *Il pensait pouvoir **faire de l'argent comme de l'eau**.* (Faire beaucoup d'argent.) **2.** *Son intervention nous a mis **dans l'eau bouillante**.* (Dans le pétrin.) **3.** *Ça prend beaucoup d'**eau d'érable** pour fabriquer le sirop d'érable.* (Sève de l'érable.)

ÉCALE n.f. *Il est normal d'enlever les **écales** des œufs avant de faire une omelette.* (Coquille.)

ÉCARTANT, E adj. *Le Vieux-Québec est un secteur **écartant**.* (Où il est très facile de s'égarer.)

ÉCARTER (S') v. pron. *Je me suis **écarté** souvent la première fois que je suis allé à Paris.* (Se perdre, s'égarer, géographiquement parlant.) **R.** En France, le verbe a le sens plus restreint de «s'éloigner d'un point, d'une direction». **V.** Vieux français.

ÉCARTILLÉ, E adj. *Il était tombé par terre, tout **écartillé**.* (Les jambes écartées.)

ÉCHANGEUR n.m. *Il a encore raté la sortie par l'**échangeur** Turcot.* (Carrefour, dispositif de raccordement de plusieurs voies routières.) **R.** Recomm. OLF.

ÉCHAPPER v. *J'ai **échappé** le couteau sur le plancher.* **R.** En Europe, on dira plutôt : *J'ai laissé échapper le couteau* ou *Le couteau m'a échappé des mains.*

ÉCHEVIN n.m. *Trois **échevins** appuient le maire dans le dossier de la salle de spectacle.* (Conseiller municipal.) **R.** Existe également en Belgique.

ÉCHOUER v. *C'est la onzième fois qu'il **échoue** cet examen.* (Échouer *à* un examen.)

ÉCŒURANT, E 1. adj. *Quel spectacle ! C't'**écœurant** !* (C'est génial, dans le langage des jeunes.) **2.** n. et adj. *Je trouve que ton ami est un **écœurant** !* (Personne dégoûtante, mal intentionnée.) * Vulg.

ÉCŒURER v. *Il nous **écœure** depuis qu'il a sa nouvelle voiture.* (Être arrogant, chiant.) * Vulg.

ÉCORNIFLER v. *As-tu fini d'**écornifler** chez le voisin ?* (Mettre son nez, chercher à voir.) **V.** Vieux français.

ÉCORNIFLEUX, EUSE n. *C'est un vieil **écornifleux** qui veut tout savoir.* (Curieux, indiscret.) **V.** Vieux français.

ÉCRAPOUTIR v. *Il a **écrapouti** la boîte vide.* (Écrabouiller, écraser, chiffonner.) **R.** La variante « écrapoutiller » est aussi employée.

ÉDUCATION n.f. *Elle a l'intention de reprendre ses études l'an prochain, à l'**éducation permanente**.* (Formation continue.) **R.** Principalement pour les adultes qui souhaitent obtenir un diplôme ou se perfectionner dans leur domaine d'emploi. Recomm. OLF.

EFFACE n.f. *Passe-moi ton **efface**, j'ai fait une faute.* (Gomme à effacer.) **R.** L'expression « gomme à effacer» est aussi comprise au Québec, mais il faut bien spécifier «à effacer», pour éviter la confusion avec la gomme «à mâcher» (*chewing-gum*).

EFFOIRER v. **1.** *En reculant avec son auto, il a **effoiré** mon ballon.* (Écraser.) **2.** v. pron. *Quand je rentre de travailler, je **m'effoire** devant la télévision.* (S'effondrer, s'affaler.)

EFFRAYANT, E adj. *Cette fille a du charme, c'est **effrayant** !* **R.** «Effrayant» a parfois le sens d'«incroyable». D'autres mots sont ainsi employés à contresens pour exprimer l'émerveillement : *C'est terrible!, C'est écœurant!, C'est débile!*

EMBARQUER v. **1.** *Je lui ai dit d'**embarquer** avec moi.* (Monter en voiture.) **2.** *Hop! **Embarque** sur mon dos.* (Monter.) **3.** *N'**embarque** pas sur la glace, c'est dangereux.* (S'engager.) **4.** *Ça me fait plaisir d'**embarquer** dans ton projet.* (S'associer, s'intégrer.)

EMBARRER v. *Il l'avait **embarré** dans le garage.* (Enfermer.) **V.** Vieux français.

EMBÊTÉ, E adj. *Je suis très **embêté** par ce problème.* (Contrarié, ennuyé.)

EMPHASE n.f. *Il met l'**emphase** sur l'accueil des touristes.* (Accent, insistance.) **A.** *Emphasis.* Anglic. dans ce sens. **R.** En français, le mot a un sens négatif.

ENDORMIR (S') v. pron. *Je **m'endors** trop pour regarder le film. Je vais me coucher.* (Avoir sommeil.)

ENDOS n.m. *Il y a un résumé **à l'endos** du livre.* (Au dos, au verso.)

ENDURER v. *Je dois **endurer** ce collègue de travail depuis trois ans.* (Tolérer, supporter.) **R.** En Europe, on peut endurer la chaleur, une crise, mais le terme n'est pas employé pour les individus.

ÉNERGIE n.f. *Avez-vous mis toutes les **énergies** qu'il fallait ?* **R.** Parfois employé au pluriel.

ÉNERVAGE n.m. *Les enfants, pas d'**énervage** dans l'église!* (Énervement.)

ENFARGER (S') v. pron. **1.** *Il s'est **enfargé** dans les jouets.* (S'empêtrer, perdre l'équilibre.) **2.** *Il s'enfarge dans les fleurs du tapis.* (Se perdre dans un discours obscur.) **V.** Vieux français.

ENFIROUÂPER v. *Les enseignants se sont fait **enfirouâper** avec cette politique.* (Rouler.)

ENGAGÉ, E adj. *J'ai téléphoné, mais la ligne est **engagée**.* (Occupé.) **A.** *Engaged.*

ENNUYANT, E adj. *Il pleut. C'est une soirée **ennuyante**.* (Ennuyeux.) **R.** Au Québec, ce mot est souvent employé dans le sens de « endormant », « assommant », tandis que le mot « ennuyeux » est en général réservé pour qualifier ce qui cause de la contrariété : *Te voilà dans une situation difficile, ennuyeuse.* **V.** Vieux français.

ENNUYEUX, EUSE adj. *Mon grand-père veut que je retourne le voir. Il est **ennuyeux** ces temps-ci.* (Qui s'ennuie facilement.) **R.** Voir aussi **ennuyant**.

ENREGISTRÉ, E adj. *Il a reçu deux lettres **enregistrées** en provenance de Vancouver.* (Recommandé.) **A.** *Registered letter.*

ENREGISTREMENTS n.m.pl. *Avez-vous vos **enregistrements** dans la voiture, madame ?* (Certificat d'immatriculation, carte grise.) **A.** *Registration papers.*

ENTÉKA loc. adv. ***Entéka**, la vie est pas facile.* (En tout cas.)

ENVOYER v. *Elle m'a **envoyé pour** te chercher.* **R.** En France, on dira «... envoyé te chercher ».

ÉPAIS, AISSE 1. adj. *Il faut être **épais** pour dire des conneries comme ça.* (Peu subtil.) **2.** adv. *Je trouve qu'il **en met épais**.* (En mettre trop, exagérer.)

ÉPEURANT, E adj. *Je ne veux pas entrer. C'est trop **épeurant**.* (Apeurant.)

ÉPEURER v. *Je ne veux pas **épeurer** les enfants avec cette histoire.* (Apeurer.)

ÉPICERIE n.f. *Elle profite de sa sortie pour **faire l'épicerie**.* (Faire le marché.)

ÉPINETTE n.f. *Il n'y a pas de sapins ici, mais beaucoup d'**épinettes**.* (Épicéa.)

ÉPINGLE n.f. **1.** *Il cherchait le sac d'**épingles à linge**.* (Pince à linge.) **R.** Se dit aussi en Belgique. **2.** *Elle n'avait plus d'**épingles à couche**.* (Épingle de nourrice.)

ÉPINGLETTE n.f. *Elle a commencé une collection d'**épinglettes**.* (Broche, *pin's*.)

ÉPLUCHETTE n.f. *Viens-tu à l'**épluchette** de blé d'Inde ?* (Fête donnée à l'extérieur, à la fin de l'été, au cours de laquelle on mange des épis de maïs.)

ÉRABLIÈRE n.f. *Le propriétaire veut agrandir son **érablière**.* (Bâtiment pour l'exploitation d'une plantation d'érables ; la plantation elle-même.)

ESCALIER n.m. *Vous montez l'**escalier roulant** [ou **mobile**] et vous tournez à gauche.* (Escalier mécanique, *escalator*.)

ESCOUSSE n.f. *Il est parti pour une petite **escousse**.* (Moment.) **R.** Déformation de « secousse ». **V.** Vieux français.

ESPRIT n.m. *Je peux pas supporter son **esprit de bottine**.* (Humour sans subtilité.)

ESTIMÉ n.m. *Elle a demandé au garagiste un **estimé** des réparations.* (Évaluation, devis.) **A.** *Estimate.*

ÉTAGE n.m. *Ta copine est retournée au **premier étage**.* (Rez-de-chaussée.) **A.** Influence de l'anglais *first floor*, « rez-de-chaussée ».

ÉTAMPE n.f. *Il n'a pas voulu mettre l'**étampe** de la compagnie sur ce rapport très contestable.* (Timbre, sceau.)

ÉTAMPER v. **1.** *Je suis certain que le document a été étampé.* (Estampiller.) **2.** *Ce voyou voulait l'étamper.* (Faire du mal, maltraiter.)

ÉTÉ n.m. *Elle a profité de l'été des Indiens pour se promener dans la nature.* (Brève période de chaleur, en octobre.) **R.** En France, on parle de l'été de la Saint-Martin, en novembre.

ÉTEINDRE (S') v. pron. *J'irai pas la voir. Ça vient de s'éteindre.* (C'est sans discussion.)

ÊTRE v. *J'suis pas pour me fâcher devant tout le monde.* (Je dois éviter de.) **V.** Vieux français.

EXACTO n.m. *Le graphiste a besoin d'un exacto pour son montage.* (Découpoir, *cutter*.) **R.** Marque de commerce.

EXCESSIVEMENT adv. *C'est un joueur excessivement talentueux.* **R.** Impropriété au sens de « extrêmement », plus courante au Québec qu'en Europe.

EXCUSER v. *Excusez !* (Pardon !) **R.** En Europe, « Pardon ! » est l'expression largement utilisée lorsqu'on dérange une personne. Au Québec, on dira aussi dans ces circonstances : *Excusez !, excusez-moi !* ou *je m'excuse.*

EXHAUST n.m. *Tu dois faire réparer l'exhaust de ton auto.* (Système d'échappement.) **A.** Mot anglais.

EXHIBIT n.m. *La police a retrouvé quelques exhibits pour étayer sa preuve.* (Pièce à conviction, objet exposé.) **A.** Mot anglais.

EXPERTISE n.f. *L'expertise de ce professeur dans le domaine de l'océanographie a été très appréciée au cours du colloque.* (Compétences d'expert.) **R.** Recomm. OLF.

EXPRÈS (PAR) loc. adv. *Tout le monde croit qu'elle l'a fait par exprès.* (Exprès.)

EXTENSION n.f. *Mon voisin a besoin d'une extension pour brancher sa tondeuse à gazon.* (Rallonge élec-

trique.) **R.** On dit aussi : *fil d'extension.* **A.** Anglic.
dans ce sens.

EXTENSIONNER v. *La directrice a **extensionné** la
période d'inscription jusqu'à samedi.* (Prolonger.)

F

Mon père s'est promené en France pendant un mois : on le prenait parfois pour un Normand, parfois pour un Belge. Quand, entre lui et son interlocuteur, un mot ou l'autre n'était pas compris, tous deux avaient à leur rescousse d'autres mots du système pour s'expliquer sans avoir à faire de dessin : c'est ça une langue commune.

JEAN MARCEL
Le joual de Troie

FACE n.f. **1.** *Il **a la face à terre** depuis deux semaines.* (Être dépité.) **2.** *Ça me **fend la face** de le voir agir comme ça.* (Mettre en colère.) **3.** *Ton cousin a une **face à claques**.* (Visage qui donne envie de le gifler.)

FÂCHANT, E adj. *C'est **fâchant** de le voir gaspiller son argent.* (Navrant, irritant.) **V.** Vieux français.

FACILITÉS n.f.pl. *C'est un hôtel respectable, avec toutes les **facilités**.* (Installations, services.) **A.** *Facilities.* Anglic. dans ce sens.

FAÇON n.f. **1.** *Il la trouve très jolie. Il lui **fait de la façon**.* (Se montrer gentil.) **2.** *Il a des difficultés. Il **n'a pas de façon** depuis deux jours.* (Être maussade, maugréer.)

FACTURE n.f. *La **facture** est toujours très élevée dans ce restaurant.* (Plus courant que « addition » ou « note ».)

Fahrenheit *L'eau de la piscine est à **78 °F**. C'est parfait pour se baigner.* (Mesure anglaise de la température dont on se sert souvent au Canada.) **R.** 78 °F équivaut à 25 °C; 68 °F équivaut à 20 °C; 32 °F, à 0 °C. La formule de conversion est: °C = (°F - 32) x 5/9.

Faire v. **1.** *Je vais réfléchir à ta proposition. Ça pourrait **faire du sens**.* (Avoir du sens.) **A.** *To make sense.* **2.** ***Laisse faire**, je vais t'en parler demain.* (Laisser tomber.)

Faker (se prononce «fêiké») v. *C'était pas vrai, son mal de ventre. Il **fakait**, juste pour avoir un congé.* (Faire semblant.) **A.** *To fake.*

Fale n.f. *Il était déçu. Il avait **la fale basse**.* (L'air piteux.) **V.** Mot de Normandie.

Fan n.f. *Il fait chaud. J'ai besoin d'une **fan**.* (Ventilateur.) **A.** Mot anglais.

Fancy adj. inv. *Je déteste ses manières **fancy**.* (Fantaisiste, capricieux.) **A.** Mot anglais.

Fausser v. *Il aimerait entrer dans la chorale, mais il **fausse** trop.* (Chanter faux.)

Fauvette n.f. *Des **fauvettes** venaient chanter dans ses arbres.* (Paruline.) **R.** La fauvette européenne est un oiseau différent de la «fauvette» nord-américaine.

Fédéral n.m. et adj. *Le **fédéral** a l'intention de convoquer les gouvernements provinciaux.* (Le gouvernement fédéral, à Ottawa.)

Feeling adj. *Il était un peu **feeling**.* (Ivre.) **A.** Mot anglais, dans un sens différent.

Feluet (se prononce «feluette»), **ette** n. et adj. *Ta sœur est arrivée avec son grand **feluet**.* (Efflanqué.) **R.** Déformation de «fluet».

Fendant, e n. et adj. *Ce joueur de hockey, c'est un grand **fendant**!* (Prétentieux, arrogant.) **R.** En

Suisse, on dirait : *Ce n'est pas le petit vin du Valais.*
V. Vieux français.

FESSE n.f. *Ils sont en train de **jouer aux fesses** dans sa chambre.* (Se faire des câlins, faire l'amour.) * Vulg.

FESSER v. *Un accident de même, ça **fesse dans le dash** !* (Frapper.)

FÊTE n.f. *C'est ta **fête** aujourd'hui ? Bonne **fête**, Jean-Pierre !* (Anniversaire.)

FEU n.m. **1.** *Sa maison a **passé au feu** l'an dernier.* (Être incendié.) **2.** *L'édifice a **pris en feu**.* (Prendre feu.) **3.** *Elle avait un gros **feu sauvage** sur la lèvre du haut.* (Infection de la lèvre, herpès.)

FÈVE n.f. **1.** *J'aime les **fèves** et les pois verts.* (Haricot.) **R.** Sens provenant de Normandie. **2.** *Il y a des **fèves au lard** au menu.* (Haricots secs cuits à petit feu.)

FIERPETTE n. et adj. *C'est ridicule, son petit air **fierpette**.* (Fier, orgueilleux.)

FIF n.m. *Ah ! lui et ses manières de **fif** !* (Homosexuel maniéré.) **R.** Prononcé parfois « feuf ».

FILAGE n.m. *L'électricien a changé tout le **filage** de la maison.* (Ensemble des fils électriques.)

FILER v. *Tu as l'air triste. **Tu files pas** ?* (Tu n'es pas dans ton assiette ?) **A.** *To feel.*

FILIÈRE n.f. *Peux-tu placer son dossier dans la **filière** ?* (Classeur.) **A.** *Filing-cabinet.*

FIN, E adj. **1.** *C'est une fille qui est très **fine**, tu verras.* (Gentil, aimable.) **2.** *Connais-tu ce nouveau produit ? C'est ben **fin** pour nettoyer le métal.* (Pratique.)

FIN DE SEMAINE n.f. *Déjà lundi ! As-tu passé une bonne **fin de semaine** ?* (Week-end.) **R.** Ne pas confondre avec la « fin de la semaine », qui signifie, au

Québec comme en France, le jeudi et le vendredi, soit juste avant le *week-end*.

FIN-FIN n.m. *Arrête de faire ton **fin-fin**. Je sais ce qui s'est passé.* (Malin.)

FINISSANT, E n. et adj. *Une séance de photographie est prévue pour les **finissants**.* (Élève qui termine ou qui a terminé un programme d'études.)

FITTER v. **1.** *J'ai suivi les instructions, mais je n'ai pas réussi à faire **fitter** les pièces.* (Ajuster.) **2.** *Ces deux-là **fittent** bien ensemble.* (S'entendre, être bien assorti.) **A.** *To fit.*

FLAG n.m. *Il vient tout juste de **lever le flag**.* (Partir.) **A.** Mot anglais.

FLANC n.m. *Allez, espèce de **flanc mou** ! Viens m'aider!* (Paresseux.)

FLANELLETTE n.f. *J'ai acheté un pyjama en **flanellette**.* (Flanelle, finette.)

FLASEUX, EUSE adj. *Son discours est plutôt **flaseux**.* (Vaseux.)

FLASHER v. **1.** ***Flashe** à gauche si tu veux tourner.* (Clignoter.) **2.** *Elle veut se faire remarquer avec sa robe qui **flashe**.* (Scintiller, sortir de l'ordinaire.) **A.** *To flash.*

1. FLASHEUR n.m. *Mets ton **flasheur** pour indiquer que tu tournes à droite.* (Clignotant.) **A.** *Flasher.*

2. FLASHEUR, EUSE n. *Arthur, c'est un **flasheur**.* (M'as-tu-vu.) **A.** *Flasher.*

FLASHLIGHT n.f. *S'il fait noir, prends la **flashlight**.* (Lampe de poche.) **A.** Mot anglais.

FLAT (se prononce « flate ») n.m. et adj. **1.** *J'ai fait un **flat** sur la route 132.* (Crevaison.) **2.** *La bière est **flat**.* (Plat, non gazeux.) **A.** Mot anglais.

FLO n.m. *Les **flos** font beaucoup de bruit.* (Enfant.) **V.** En vieux français, « flo » signifiait « mince », « faible », et il a donné les mots flou et fluet. Le mot «flo» au sens d'«enfant» pourrait provenir de cette racine, et non de l'anglais *fellow*, comme on le croit généralement.

FLOPPER v. *Son projet de devenir millionnaire a floppé.* (Échouer.) **A.** *To flop.*

FLUSHER v. *Je n'ai pas besoin de ce document. On peut le flusher.* (Faire disparaître, jeter.) **R.** On dit aussi *flusher* dans le sens de «tirer la chasse d'eau». **A.** *To flush.*

FLY (se prononce «flaille») n.f. *Il avait la fly ouverte, devant tout le monde.* (Braguette.) **A.** Mot anglais.

FLYÉ, E (se prononce «flaillé») adj. *Il a toujours été flyé.* (Extravagant, à côté de ses pompes.) **A.** *A fly guy.*

FLYER (se prononce «flaillé») v. **1.** *Il a flyé, ç'a pas été long.* (Disparaître, se volatiliser.) **2.** *Pendant qu'on s'amuse, le temps fly.* (S'envoler.) **A.** *To fly.*

FOCUS n.m. *Mon appareil photo n'était pas au focus.* (Point de mire, mise au point.) **A.** Mot anglais.

FOCUSSER v. *Je les ai invités à focusser sur ce problème avec acharnement.* (Focaliser, porter son attention sur.) **A.** *To focus.*

FOIN n.m. *Elle voudrait bien marier un type qui a du foin.* (Argent.)

FOIRER v. **1.** *Mes amis ont foiré dans ce bar jusqu'au matin.* (Faire la foire, la fête.) **2.** *Leur projet a foiré.* (Échouer, avorter.)

FOLIO n.m. *Pourrais-je avoir votre folio?* (Numéro de compte dans une institution financière.) **A.** Anglic. dans ce sens.

FOLLERIE n.f. *C'était le bon temps où on pouvait faire ces folleries.* (Petite folie.)

FONDS n.m. **1.** *Il lui a passé un chèque sans fonds.* (Sans provision.) **A.** *Without funds.* Anglic. dans ce sens. **R.** On dit aussi : *un chèque pas de fonds.* **2.** *Il avait un bon* **fonds de pension** *quand il est arrivé à 65 ans.* (Caisse de retraite.) **A.** *Pension fund.*

FORÇANT, E adj. *Il utilise un tracteur. C'est moins* **forçant** *pour lui.* (Difficile.)

FORCE n.f. *Même si cette loi est entrée* **en force** *il y a dix ans, peu de gens la connaissent.* (En vigueur.) **A.** *In force.*

FORCER v. **1.** *Il ne pourra pas entrer dans le bar. Ça* **force** *s'il a 18 ans.* (C'est tout juste.) **2.** *On ne peut pas dire qu'il s'est* **forcé le cul**. (Se fendre en quatre.) * Vulg. dans ce sens.

FOREMAN n.m. *Dans cette entreprise, le* **foreman** *a toujours le dernier mot.* (Contremaître.) **A.** Mot anglais.

FORMEL, ELLE adj. *Le maire est surpris de ne pas avoir été invité à cette cérémonie* **formelle**. (Officiel.) **A.** *Formal.* Anglic. dans ce sens.

FORMULE n.f. *Voici la* **formule** *pour s'inscrire à cette activité.* (Formulaire.)

FORT 1. n.m. *Il se sent mieux depuis qu'il a cessé du boire du* **fort**. (Boisson forte, spiritueux.) **2.** adj. *Il a décidé de revenir en ville. C'est-ti assez* **fort** *à ton goût ?* (Surprenant.)

FORTILLER v. *Les petits chiens* **fortillaient** *pour sortir de la cage.* (Frétiller, se tortiller.)

1. FOU n.m. *J'ai aimé la soirée. Ça m'a permis de* **lâcher mon fou**. (S'amuser follement, se défouler.)

2. FOU, FOLLE n. *Il a* **fait un fou de lui** *avec ses imitations.* (Se rendre ridicule.)

FOUFOUNE n.f. *Je lui ai donné une petite tape sur les* **foufounes**. (Fesse.)

FOUILLE n.f. *Ma tante a* **pris une fouille** *en visitant le musée.* (Faire une chute, un faux pas, « ramasser une gamelle».) **R.** L'expression française *c'est dans la fouille* (l'affaire est dans le sac) est peu connue au Québec.

FOUILLER v. *Tu veux savoir si elle le sait? Fouille-moi!* (Je n'en ai aucune idée.)

FOULER v. **1.** *Mon chandail a foulé quand je l'ai lavé.* (Rétrécir.) **2.** *La neige a foulé devant l'entrée.* (Se tasser.) **R.** Vient de «refouler».

FOURNAISE n.f. *Il fait froid. La fournaise fonctionne mal.* (Appareil de chauffage central, chaudière.)

FOURNEAU n.m. *Elle a sorti les petits pains chauds du fourneau.* (Four.) **V.** Vieux français.

FOURNIR v. *Il y a beaucoup de demande pour nos gâteaux. On ne fournit pas.* (On a du mal à satisfaire à la demande.)

FOURRER v. **1.** *Il les a fourrés d'un bout à l'autre.* (Tromper.) **2.** v. pron. *Je me suis fourré avec ça.* (Se tromper, se gourrer.) * Vulg.

FRAIS-CHIÉ, E n. et adj. *Je déteste ses manières de frais-chié.* (Arrogant, hautain.) * Vulg.

FRAISE n.f. *Les enfants ont trouvé le pot de biscuits. Ils se sont paquetés la fraise.* (Se bourrer, profiter d'une chose à satiété.)

FRAIS VIRÉS (À) loc. adv. *J'ai été obligé de faire un appel à frais virés.* (En P.C.V., paiement contre vérification.)

FRAME (se prononce «frêime») n.m. *J'ai dû me débarrasser de ma vieille auto, le frame était tout pourri.* (Cadre, structure de base d'une automobile, d'un sommier.) **A.** Mot anglais.

FRAPPER v. *La voiture a frappé le policier qui dirigeait la circulation.* (Plus courant que «heurter».)

FREAK n.m. *Les freaks de la ville se tiennent dans ce secteur.* (Marginal, toxicomane.) **A.** Mot anglais.

FREAKER (se prononce «friqué») v. *Cette horrible histoire fait encore freaker Aline.* (Paniquer.) **A.** *To freak.*

FREE adj. *Dans les manèges, tu paies les trois premières fois, et ensuite tu as un tour free.* (Gratuit.) **A.** Mot anglais.

FREE-FOR-ALL n.m. *Il n'y a plus de chef. C'est le free-for-all général.* (Méli-mélo, foire d'empoigne.) **A.** Mots anglais.

FRENCHER v. *Ils ont frenché pendant au moins vingt minutes.* (S'embrasser.) **A.** *To french kiss.*

FRENCH KISS n.m. *L'aventure s'est terminée par un long french kiss.* (Baiser profond, baiser lingual.) **A.** Mots anglais. **R.** En France, on dit aussi : rouler un patin, une galoche.

FRET (se prononce «frette»), **FRETTE** adj. *En janvier, le thermomètre est descendu à moins 30 degrés. C'était vraiment fret.* (Froid.) **R.** On entend aussi : *j'ai fret, il fait fret.*

FRISÉ, E adj. *C'est un bel enfant aux cheveux frisés.* (Plus courant que «bouclé».)

FRISER v. *Ferme le robinet. L'eau frise partout.* (Gicler.)

FROG n.m. *J'aime pas me faire traiter de Frog !* (Grenouille.) **A.** Mot anglais. Nom donné aux Franco-Canadiens par les Canadiens anglophones. Tantôt ironique, tantôt péjoratif. «Froggies» est également le surnom des Français en Grande-Bretagne...

FRONT n.m. **1.** *Tu oses me dire ça. Tu as du front tout le tour de la tête.* (Être effronté, avoir de l'audace.) **2.** *Il a un front de bœuf, tu le connais.* (Être fonceur, déterminé.) * Se prononce «front d'beu».

FROQUE n.f. *Il va attraper la grippe s'il ne met pas sa froque.* (Veston court.)

FRU adj. *Elle m'a encore donné un travail supplémentaire. Je pense qu'elle est **full fru**.* (Frustré.) **R.** Dans le langage des jeunes. * Se prononce «foule fru».

FUCK juron ***Fuck!** Encore de la pluie.* (Bordel de merde!) **A.** Mot anglais. * Vulg.

FUCKÉ, E adj. *Je sais plus quoi faire. Chu complètement **fucké**.* (Assommé, bouleversé.) **A.** De *fucking.* * Vulg.

FUDGE n.m. *J'ai pris un **fudge** à la cafétéria.* (Chocolat glacé.) **A.** Mot anglais.

FULL (se prononce «foule») **1.** adj. *Mon réservoir d'essence est **full**.* (Plein.) **A.** Mot anglais. **2.** adv. *C'est un jeu **full** intéressant.* (Très, beaucoup.) **R.** Superlatif utilisé par les jeunes. À la limite, on peut entendre: *J'étais rendu **full** loin* ou *La piscine est **full** vide.*

FUN n.m. **1.** *Les vacances, c'est l'**fun**.* (C'est plaisant, agréable.) **R.** En France, on dit «C'est fun», mais dans un sens différent: c'est coloré, fluo, ça sort de l'ordinaire. **2.** *On a eu un **fun noir** avec cette histoire.* (Grand plaisir.) **A.** Mot anglais.

FUSE (se prononce «fiouse») n.f. *Il y a trop d'appareils électriques sur le même circuit. La **fuse** a sauté.* (Fusible, plomb.) **A.** Mot anglais.

FÛT n.m. Voir ***bière***.

En tant que citoyens vivant dans une civilisation nord-américaine, nous avons des caractéristiques propres, une vision particulière du monde qui nous entoure et une sensibilité différente de celle des Français.

HÉLÈNE CAJOLET-LAGANIÈRE
ET PIERRE MARTEL
La qualité de la langue au Québec

⚜ ⚜ ⚜

GÂ v. ***Gâ' don' ça si c'est beau !*** (Regarde donc comme c'est beau !) **R.** « Gâ » ou « gâr » se dit souvent comme diminutif de «regarde»: ***Gâ l'gars là-bas. Gâr don' ça, c'est spécial !***

GAGER v. *J'ai* **gagé** *beaucoup d'argent sur cette équipe.* (Parier.) **V.** Vieux français.

GAGEURE (se prononce « gajure ») n.f. *C'est une* **gageure** *qu'ils ont faite entre eux.* (Pari.) **V.** Vieux français.

GALE n.f. *De cette blessure, il ne me reste plus qu'une* **gale** *sur la main.* (Croûte, sur une plaie en voie de guérison.) **V.** Vieux français.

GALETTE n.f. *Il a* **fait la galette** *avec ce contrat.* (Gagner beaucoup d'argent).

GALIPOTE n.f. *Il* **court la galipote**. (Sortir beaucoup, mener une vie très libre.) **R.** Adaptation de l'expression «faire des galipettes».

GALLON n.m. *Il achète un **gallon** de sirop d'érable à chaque printemps.* (Ancienne mesure de capacité équivalant à quatre pintes ou à huit chopines, soit 4,55 litres.) **R.** Le gallon américain vaut 3,78 litres.

GALON n.m. *J'ai besoin du **galon** pour mesurer la longueur de cette table.* (Ruban à mesurer.)

GAMBLEUR n.m. *Le casino va attirer tous les **gambleurs** en mal d'argent.* (Parieur.) **A.** Gambler.

GAME (se prononce « guêime ») **1.** n.f. *C'est une bonne **game** de hockey.* (Match.) **2.** n.f. *Il a réussi à avoir une **free game** avec 20 000 points.* (Partie gratuite.) **3.** n.f. *Il faudra faire mieux. Sinon, on n'est plus **dans [la] game**.* (Là où la compétition se joue.) **4.** adj. *Tu veux courir un marathon ! **Es-tu game** ?* (Es-tu brave ? As-tu l'audace qu'il faut ?) **A.** Mot anglais.

GAMIQUE n.f. *Leur **gamique** est plus ou moins légale.* (Entreprise douteuse, combine.) **A.** Gimmick.

GANG (se prononce « gaïgn ») n.f. *Il était avec une **gang** d'amis.* (Bande, petit groupe.) **R.** Au Québec, le mot est généralement employé au féminin et n'a pas nécessairement le sens d'« association de malfaiteurs » comme en Europe. **A.** Mot anglais.

GARANTIE n.f. *L'appareil est encore **sur la garantie**.* (Sous [la] garantie.)

GARDER v. ***Gardez la droite**. Il y a un accident.* (Tenez la droite, serrez à droite.) **A.** *Keep right.*

GARDERIE n.f. *Je dois aller chercher mon fils à la **garderie**.* **R.** Le mot « crèche » n'est pas utilisé au Québec dans ce sens.

GARDIEN, IENNE n. *J'ai pas trouvé de **gardienne** pour les enfants.* (*Baby-sitter.*)

GARROCHER v. **1.** *Arrête de **garrocher** tes vêtements partout dans la chambre.* (Lancer d'un côté et de l'autre.) **2.** v. pron. *Il **s'est garroché** comme un fou pour lui venir en aide.* (Se précipiter.) **V.** Vieux français.

GASPILLE n.m. *Tu devrais éviter de jeter autant de nourriture. C'est du **gaspille**.* (Gaspillage.)

GAZ n.m. **1.** *Je dois passer mettre du **gaz** dans mon auto.* (Essence.) **2.** *On a ajouté une **pompe à gaz** devant le garage.* (Pompe à essence.) **3.** *Il a **pesé sur le gaz** et il est parti par là.* (Accélérer.) **A.** *Gas.*

GAZER v. *Je vais profiter de ma sortie pour **gazer**.* (Faire le plein.) **A.** *To gas up.*

GAZOLINE n.f. *Tu as renversé de la **gazoline** sur tes vêtements.* (Essence.) **A.** *Gasoline.* Anglic.

GEAR (se prononce « guire ») n.f. *J'ai réparé la **gear** de la boîte de vitesse.* (Engrenage.) **A.** Mot anglais.

GEARER (se prononce « guiré ») v. *On dirait que le moteur est mal **gearé**.* (Régler.) **A.** *To gear.*

GÊNANT, E adj. *C'est plutôt **gênant** de faire face à un tel jury.* (Intimidant.)

GÊNE n.f. *C'est la **gêne** qui t'empêche de lui demander un autographe ?* (Timidité.) **R.** Normalement, en français, le mot « gêne » a un sens plus proche de « malaise » que de « timidité ».

GÊNÉ, E adj. *Il était **gêné** de prendre la parole devant toute la salle.* (Intimidé.)

GENRE adv. **1.** *On peut se rencontrer dans la soirée, **genre** huit heures.* (Par exemple.) **2.** *Ça m'a pris **genre** trois mois avant de comprendre tout ça.* (Environ.) * Dans le langage des jeunes.

GILET n.m. *Au hockey cette année, nous aurons un **gilet** jaune.* (Aussi courant que « chandail ».)

GÎTE n.m. *Le **gîte touristique** est une formule qui permet de connaître des gens du milieu.* (Maison d'hébergement touristique privée.)

GLACE n.f. *Voulez-vous une ou deux **glaces** dans votre digestif ?* (Glaçon.) **R.** Ce qu'on nomme « glace à la vanille » en Europe devient de la « crème glacée à la vanille » au Québec.

GLISSADE n.f. *Les enfants s'amusent beaucoup avec leur nouvelle glissade.* (Toboggan.)

GNOCHON, ONNE n. et adj. Voir *niaiseux*.

GO n.f. *Elle voulait partir sur une go.* (Faire la fête, être en vadrouille.)

GOALER (se prononce « golé ») v. *As-tu déjà goalé ?* (Garder les buts, au hockey.) **A.** *To goal.*

GOALEUR (se prononce « goleur ») n.m. *Il y a d'excellents goaleurs dans cette équipe de hockey.* (Gardien de but, *goal.*) **A.** *Goaler.*

GOGLU n.m. *Apporte les jumelles. Il y a un goglu dans l'arbre.* (Oiseau, variété de passereau.)

GOMME n.f. *Les enfants aiment la gomme [baloune].* (Gomme à mâcher, *chewing-gum.*) **A.** *Bubble gum.* **R.** Pour parler de la gomme à effacer, les Québécois emploient surtout le mot « efface ».

GORGOTON n.m. *J'avais une arête dans le gorgoton. J'ai failli m'étouffer.* (Gorge, pomme d'Adam.) **V.** Vieux français.

GOSSE n.f. *Il a reçu un coup de genou dans les gosses.* **R.** Si le mot « gosse » en France signifie « enfant », au Québec, dans la langue populaire, c'est un mot féminin (et vulgaire) qui veut dire « testicule ».

GOSSER v. *J'ai gossé tout l'avant-midi après ce meuble-là.* (S'attarder avec beaucoup de minutie, travailler le bois avec un canif.) **V.** Vieux français. **R.** Le verbe a donné quelques dérivés : « gosseux » (la personne qui gosse) et « gossage » (l'action).

GOUGOUNE n.f. *Il y a des éclats de verre sur le sable. J'aurais dû apporter des gougounes.* (Sandale de plage.)

GOÛT n.m. *J'ai le goût d'aller à l'exposition. Elle, elle a le goût de faire l'amour.* (Avoir envie.)

GOÛTER v. *Berk! Le café goûte l'eau de vaisselle.* (Avoir le goût de.) **R.** Ailleurs dans la francophonie, le mot est davantage employé dans le sens d'apprécier, de savourer quelque chose : *je vais goûter ce chocolat.* **V.** Vieux français.

GRADUATION n.f. *Elle est ici pour la photo de gradua-tion.* (Fin d'études.) **A.** Mot anglais.

GRADUÉ, E n. *Il est un gradué de l'Université de Montréal en droit.* (Diplômé.) **A.** *Graduate.* Ang. dans ce sens.

GRAFIGNE n.f. *J'ai une grafigne sur la cuisse.* (Égratignure, écorchure.) **V.** Vieux français.

GRAFIGNER v. *Il a grafigné mon char.* (Érafler.) **V.** Vieux français.

GRAISSE n.f. *Elle a les yeux dans la graisse de binnes.* (Égaré.)

GRAND-PÈRE n.m. *Ils ont mangé des grands-pères pour dessert.* (Pudding au sirop d'érable.)

GRANOLA n. et adj. **1.** *Il fréquente des granolas depuis qu'il a commencé son cégep.* (Écolo, végétarien.) **2.** *Elle se prépare des repas style granola.* (Avec céréales, graines, fruits et légumes.)

GRATTE n.f. **1.** *Il neige beaucoup. J'espère que la gratte va passer.* (Chasse-neige.) **2.** *J'ai besoin d'une gratte pour enlever la glace sur la vitre.* (Grattoir.)

1. GRATTEUX n.m. *Il s'est acheté des gratteux.* (Billet de loterie instantanée, que l'on gratte.)

2. GRATTEUX, EUSE adj. *Il ne donne jamais pour cette cause. Il est trop gratteux.* (Avare.)

GRAVELLE n.f. *Il y a un bout du chemin en gravelle.* (Sur le gravier.) **V.** Vieux français.

GRÉYÉ, E adj. *Avec ce manteau, je vais être bien gréyé cet hiver.* (Habillé pour sortir.) **V.** Vieux français.

GRÉYER (SE) v. pron. *Faudrait **se gréyer** si on veut s'en aller.* (S'habiller, se préparer.) **V.** Vieux français.

GRICHER v. *Arrête, ça me fait **gricher** des dents.* (Grincer.) **V.** Vieux français.

GRILLE n.f. *À cause de la collision, la **grille** de l'auto est cassée.* (Calandre.)

GRILLÉ, E adj. *Avec tout le soleil qu'on a eu, les enfants sont très **grillés** maintenant.* (Bronzé.)

GRILLER v. *Il a profité du chaud soleil pour se faire **griller**.* (Bronzer.)

GRIP n.f. *Ces pneus ont une bonne **grip** sur la glace.* (Prise.) **A.** Mot anglais.

GRIPETTE n. *C'est un petit **gripette**.* (Diable.)

GROUILLER v. ***Grouillez pas**, le petit oiseau va sortir!* (Ne bougez pas.) **R.** L'expression *Grouillez-vous!* est courante au Québec dans le sens de «Dépêchez-vous!» **V.** Vieux français.

GRUGER v. *Nous avons vu un castor qui **grugeait** un tronc d'arbre.* (Ronger.) **V.** Vieux français.

GUÉDILLE n.f. *Il est arrivé devant moi, la **guédille** au nez.* (Morve.)

GUENILLE n.f. **1.** *J'ai renversé du lait. As-tu une **guenille**?* (Chiffon, serpillière.) **R.** Au Québec, on dit également «torchon», comme en Belgique, mais jamais « serpillière », comme en France, ni «panosse», comme en Suisse. **2.** *Je l'ai vu arriver, mou **comme de la guenille**.* (Comme une chiffe.) * Se prononce parfois «guénille».

GUGUSSE n.m. *Viens pas me voir avec tes **gugusses**. J'ai pas le temps.* (Truc, machin.)

GUIDOUNE n.f. *Il y a des **guidounes** dans cette rue.* (Prostituée, «pute».) * Vulg.

GUIGNOLÉE n.f. *J'ai accepté de passer dans ma rue pour la guignolée.* (Quête de porte à porte, à l'intention des démunis.)

GUILI-GUILI n.m. *C'est pas avec des guili-guili [ou guedi-guedi] qu'on y parviendra.* (Pitrerie, simagrée.)

GUTS (se prononce «gotse») n.m. *Je te le dis, il faut du guts pour se lancer dans cette affaire.* (Tripes, courage, détermination.) **A.** Mot anglais.

H

L'capoté à Renaud y chante en argot, faqu'icitte au Québec, on pogne un mot sur deux, mais on l'trouve au boutte pareil, parce qu'y s'tient deboutte pis qu'y a des gosses !

STÉPHANE LAPORTE
humoriste

HABIT n.m. *Il s'est acheté un bel habit.* (Complet, costume, costard.) **V.** Vieux français.

HABITANT, E n. *C'est une famille d'habitants qui arrive en ville.* (Colon, paysan, rustre.)

HAÏR v. **1.** *J'haïs les imposteurs.* **R.** En français, il n'y a pas de tréma sur le verbe « haïr », aux trois personnes du singulier du présent de l'indicatif. Cependant, les Québécois prononcent souvent : « j'ailli », « tu ailli », « il ailli » plutôt que « je è », « tu è » et « il è ». **2.** *J'haïs pas ça pantoute !* (Je ne déteste pas ça !)

HALF-AND-HALF (se prononce « affènaffe ») loc. adv. *Je partage half-and-half entre les deux.* (En deux parties égales.) **A.** Mots anglais.

HAUT prép. *Il fait chaud, 28 en haut de zéro.* (Au-dessus de.)

HAUTES n.f.pl. Voir *basses.*

HEURE n.f. *Nous avons allongé les heures d'affaires.* (Heures d'ouverture.) **A.** *Business hours.*

HIVER n.m. *Un hémitriptère ? **Qu'est-ce que ça mange en hiver ?** *(Mais qu'est-ce que c'est ça ?)

HOOD n.m. *Il faudrait ouvrir le **hood** de l'auto pour vérifier.* (Capot.) **A.** Mot anglais.

HORAIRE n.m. *Veux-tu me passer l'**horaire T.V.** s'il te plaît ?* (Programme télé.)

HOT adj. *C'est **full hot** ton dessin.* (Magnifique.) **A.** Mot anglais. * Dans le langage des jeunes.

HOT CHICKEN n.m. *Un **hot chicken** pour moi.* (Sandwich au poulet chaud.) **A.** Mots anglais.

HUARD n.m. **1.** *Le **huard** a repris son vol vers le Sud.* (Plongeon arctique, variété de canard.) **2.** *Le **huard** a légèrement augmenté cette semaine.* (Dollar canadien, à cause du huard qui est gravé du côté pile de la pièce de 1 $.)

HUILE n.f. **1.** *Nous aurons besoin d'**huile à chauffage** pour l'hiver.* (Mazout.) **A.** *Heating oil.* **2.** *Trois cuillerées d'**huile de castor**, et ça va passer.* (Huile de ricin.) **A.** *Castor oil.* **3.** *Je dois conduire ma voiture au garage pour faire **faire un changement d'huile**.* (Vidanger le carter.) **A.** *To change the oil.*

I

[...] l'accent à la fois traînant et nasillard qui
paraît invraisemblable, presque caricatural.

MICHEL TOURNIER
Canada, journal de voyages

ICITTE adv. *Viens **icitte**, j'ai quelque chose à t'annoncer.* (Ici.) **V.** Vieux français.

IDENTIFICATION n.f. *Veuillez me montrer vos **papiers
d'identification**.* (Papiers, pièce d'identité.)
A. *Identification papers.*

IDENTIFIER v. **1.** *Nous allons d'abord **identifier** les
zones à haut risque.* (Mettre en lumière, déterminer.)
A. *To identify.* Anglic. dans ce sens. **2.** v. pron. *Le
guide voulait que je **m'identifie** avant de le suivre.*
(Se nommer, donner son identité.)

IMPRESSION n.f. ***J'étais sous l'impression** qu'il était
en congé.* (Avoir l'impression.) **A.** *Under the impression that.*

INCITATIF n.m. *Une augmentation de 5 % serait un
incitatif important pour les employés.* (Mesure inci-
tative.)

INCONTRÔLABLE adj. *Il arrivera sûrement des événe-
ments **incontrôlables**.* (Imprévisible, imprévu.)

INDUSTRIE n.f. *Ils vont construire une **industrie** de carton dans le sud de la ville.* (Dans le sens de « entreprise », « établissement industriel ».) **R.** En français, le mot « industrie » désigne plutôt l'activité économique en général (l'industrie a repris de la vigueur) ou l'ensemble des entreprises d'un secteur particulier (l'industrie des pâtes et papiers).

INITIALER v. *Vous devez **initialer** chacune des trois pages.* (Signer de ses initiales.)

INITIATION n.f. *En septembre, les nouveaux étudiants doivent subir l'**initiation**.* (Bizutage.)

INSÉCURE adj. *Il fait son possible, mais souvent il est **insécure**.* (Qui manque d'assurance.)

INTERMISSION n.f. *Il a profité de l'**intermission** pour avaler une bouchée.* (Entracte.) **A.** Anglic. dans ce sens.

INTRADUISABLE adj. *Tous ces jeux de mots sont **intraduisables**.* (Intraduisible.)

INTRODUIRE v. *Laissez-moi vous **introduire** à mes invités.* (Présenter.) **A.** To introduce. Anglic. dans ce sens.

INUIT, E n. et adj. *Le musée présente une exposition d'art **inuit**.* (Relatif aux Amérindiens du Nord.) **R.** Les Inuits, qui vivent au nord du Québec, étaient autrefois appelés les Esquimaux.

INVITER v. *Elle nous a **invités pour** dîner, dimanche.* (Inviter à.)

ITEM n.m. **1.** *Je veux ajouter deux **items** à l'ordre du jour.* (Point, question.) **2.** *Nous n'avons pas cet **item** en magasin.* (Article.) **A.** Anglic. dans ces sens.

ITOU adv. *J'en veux moi **itou**.* (Aussi.) **V.** Vieux français.

IVRESSOMÈTRE n.m. *Elle a refusé de passer à l'**ivressomètre**.* (Alcootest.) **A.** De l'américain « Drunk-o-Meter ».

J

[À Montréal], la corruption par les anglicismes tendait à substituer au français, dans l'usage courant, un extraordinaire sabir «franglais». L'accent nasillard rendait le français méconnaissable et inaudible à une oreille française. On parlait «joual», déformant les sons et précipitant les syllabes les unes contre les autres comme des wagons qui se télescopent sur un coup de frein brutal!

MARC BLANCPAIN
Les lumières de la France,
le français dans le monde

JACK (se prononce «djak») n.m. *Il n'arrivait pas à sortir le **jack** pour changer son pneu.* (Cric.) **A.** Mot anglais.

JACKET (se prononce «djakèt») n.m. *Il a mis son **jacket** neuf pour la soirée.* (Veste, blouson.) **A.** Mot anglais.

JAMBETTE n.f. *Tu lui as donné une **jambette**.* (Croc-en-jambe.) **V.** Vieux français.

JAMMÉ, E (se prononce «djamé») adj. *J'étais **jammé** dans un embouteillage.* (Coincé, immobilisé.) **A.** *To be jammed.*

JAMMER (se prononce «djamé») v. *Les musiciens ont **jammé** jusqu'à deux heures du matin.* (Improviser, faire un bœuf.) **A.** *To jam.*

JAQUETTE n.f. *Pour dormir, elle garde sa jaquette, même en été.* (Chemise de nuit.)

JARNIGOINE n.f. *C'est un homme qui a peu d'instruction, mais il a de la jarnigoine.* (Débrouillardise.)

JASER v. *Ça fait longtemps qu'on n'avait pas jasé autant.* (Bavarder.) **R.** Terme plus courant au Québec qu'ailleurs dans la francophonie. **V.** Vieux français.

JASETTE n.f. **1.** *Les enfants avaient de la jasette hier soir, quand les grands-parents sont venus.* (Avoir la parole facile, très abondante.) **V.** Vieux français. **2.** *Nous avons piqué une jasette ensemble.* (Discuter.)

JEANS n.f.pl. *Ta sœur a des belles jeans.* (Un beau jeans.) **R.** Souvent au féminin pluriel.

JELLO (se prononce «djello») n.m. *Je vais prendre du jello aux fraises pour dessert.* (Gélatine aux fruits, gelée.) **R.** Marque de commerce.

JÉRIBOIRE exclam. *Ah, jériboire, que c'était le bon temps!* (Dieu du ciel!)

JO (se prononce «djo») n.m. *C'était une fille avec de gros jos.* (Sein.) * Vulg.

JOB (se prononce «djob») n.f. **1.** *Tu as une job qui te plaît.* (Emploi.) **2.** *Ils ont payé cet homme fort pour faire une job de bras.* (Imposer une volonté par la force.) **R.** Au Québec, le mot est le plus souvent employé au féminin. **A.** Mot anglais.

JOBBER (se prononce «djobbé») v. *Son entreprise a jobbé un contrat important.* (Obtenir en sous-traitance.) **A.** *To job.*

JOBBEUR (se prononce «djobeur») n.m. *Il a trouvé un jobbeur pour refaire le mur.* (Sous-traitant.) **A.** *Jobber.*

JOBINE (se prononce «djobine») n.f. *On m'offre seulement des jobines.* (Emploi de courte durée et mal rémunéré.) **A.** De *job.*

JOINDRE v. *Il m'a demandé de joindre son parti.* (Adhérer à, se joindre à.) **A.** *To join.* Anglic. dans ce sens.

JOKE (se prononce «djôk») n.f. **1.** *C'est pas grave. C'est juste une joke.* (C'est seulement une blague.) **2.** *Je ne comprends pas du tout. C'est quoi la joke ?* (Attrape, histoire.) **A.** Mot anglais.

JOUAL n.m. *Il a tendance à parler joual. En se forçant, il pourrait s'exprimer mieux.* (Désigne le parler populaire du Québec.) **R.** Déformation du mot « cheval ». Parce qu'il s'éloigne de la belle langue française conventionnelle, le parler «joual» a pour plusieurs une connotation péjorative, honteuse. Il dénote la tendance de certaines personnes à mal articuler, à manquer de précision et de variété dans le choix de leurs mots, à utiliser avec excès les jurons et à abuser de termes et de tournures de langue anglaise. En 1960, *Les insolences du frère Untel*, un livre de Jean-Paul Desbiens qui dénonçait avec vigueur cette tendance à s'exprimer mollement en «joual», a créé beaucoup de remous. Un important mouvement d'amélioration linguistique a alors été amorcé. Cependant, durant la même période et jusqu'à aujourd'hui, de nombreux artistes, écrivains et humoristes ont décidé d'utiliser le joual pour décrire la vie telle qu'elle s'affirme autour d'eux dans les milieux populaires. Le parler «joual» est alors devenu une source d'inspiration et de vitalité, une manière de s'identifier. Le joual : honte ou fierté ? Le débat fait toujours rage.

JOUAL VERT ou **JOUALVERT** juron *Il était en beau joual vert.* (En furie.)

JUMPER (se prononce « djompé ») v. **1.** *Il a jumpé avant qu'on l'attrape.* (Disparaître, prendre la clé des champs.) **2.** *Il a jumpé des pommes dans le verger.* (Voler.) **A.** *To jump.*

JUNIOR n. et adj. *C'est un comptable junior, mais il apprend vite.* (Débutant.) **A.** Mot anglais.

JURIDICTION n.f. *Les programmes de main-d'œuvre sont de **juridiction** fédérale.* (Compétence.) **A.** *Jurisdiction.* Anglic. dans ce sens.

JUS n.m. *Je ne peux pas te rencontrer. **Je suis dans le jus**.* (J'ai trop de travail, d'urgences à régler.)

JUSQU'À TANT QUE loc. conj. *Ils iront l'attendre là-bas **jusqu'à tant que** le train arrive.* (Jusqu'à ce que.) **V.** Vieux français.

K

C'est la langue parlée habituelle de mes concitoyens, avachie dans sa prononciation et déstructurée dans sa syntaxe primaire, [...] une langue qui n'est très souvent que patois grossier et vulgaire, mugissements, vagissements, approximation, bégaiement pour les uns, éructation pour les autres.

GEORGES DOR
Anna braillé ène shot

KÉTAINE n. et adj. Voir *quétaine*.

KETCHUP adj. *J'ai résolu ton problème.* ***L'affaire est ketchup !*** (C'est parfait !)

KICK n.m. *J'avoue que j'ai un **kick** pour elle.* (Béguin.) **A.** Mot anglais.

KICKER v. **1.** *Il a **kické** le ballon à l'autre bout du terrain.* (Botter.) **2.** *Tu devrais pas **kicker** sur la nourriture.* (Faire le difficile, repousser quelque chose.) **A.** *To kick.*

KING SIZE adj. *La prochaine fois, j'achète un lit **king size**.* (Grand format.) **A.** Mots anglais.

KISS n.f. *Elle avait une **kiss** collée entre les dents.* (Bonbon à la mélasse.) **A.** Mot anglais.

KODAK n.m. *Il a pris des photos avec son **kodak**.* (Appareil photo.) **R.** Marque de commerce.

KNOCKER (se prononce « nâké ») v. *J'attendais pas cette nouvelle. Ça m'a **knocké** ben raide.* (Sidérer, mettre k.-o.) **A.** *To knock.*

L

Les intonations, les expressions, les mots, les phrases imagées des Québécois nous rappellent le français d'il y a deux ou trois siècles, et souvent même le langage de nos grands-parents et arrière-grands-parents. C'est un enrichissement permanent que de les écouter, de poser des questions et de noter tant de locutions poétiques, parfois inattendues, mais toujours propres à charmer les amoureux de la langue française.

ROLAND BÉGUELIN
secrétaire général des Communautés de langue française (Suisse)

LÀ 1. interj. *Tu sais le film qu'on a vu, l'autre soir, là...* **R.** Les Québécois ajoutent souvent un «là» à la fin de leurs phrases, pour accentuer leur propos. **2.** adv. *Tiens, prends celle-là à côté de toi.* **R.** «Celui-là» et «celle-là» sont souvent employés au lieu de «celui-ci» et «celle-ci», même si la chose en question se trouve à proximité.

LÂCHER v. **1.** *Son frère a lâché l'école.* (Quitter.) **2.** *Lâche-moé don' la paix avec ça!* (Laisse-moi tranquille!)

LARGE n. et adj. *Il n'y a plus de chemises larges, seulement des smalls et des médiums.* (Grand format, grande taille.) **A.** Anglic. dans ce sens.

LAST CALL n.m. *Prenez-vous un autre verre? C'est le last call.* (Dernier service.) **A.** Expression anglaise.

LAVEUSE n.f. *La **laveuse** a marché toute la journée.* (Machine à laver.)

LET'S GO interj. *C'est le temps, les gars. **Let's go**!* (Allons-y!) **A.** Expression anglaise. Sert à motiver, dans le sport surtout.

LEVÉE n.f. *Centraide organise une **levée de fonds** pour les pauvres.* (Campagne de financement, collecte de fonds.) **A.** *Fund-raising.*

LICENCE n.f. **1.** *La police lui a demandé s'il avait ses **licences**.* (Permis de conduire.) **R.** S'emploie au pluriel dans ce sens. **2.** *Votre numéro de **licence**, s'il vous plaît?* (Plaque d'immatriculation.) **A.** Anglic. dans ces sens.

LICENCIÉ, E adj. *Devant le magasin, une affiche indique «Épicier **licencié**».* (Qui détient un permis d'alcool.) **A.** *Licensed grocery.* Anglic. dans ce sens. **R.** La formule française est: *Bière et vin en vente.*

LICHER v. *La chatte **lichait** ses petits.* (Lécher.) **V.** Vieux français.

LIFEGUARD n. *Il a failli se noyer. Heureusement, il y avait un **lifeguard** sur place.* (Sauveteur, maître nageur.) **A.** Mot anglais.

LIFT n.m. *J'ai promis de lui **donner un lift pour** Gaspé.* (Mener quelqu'un en voiture.) **A.** Mot anglais.

LIGNE n.f. **1.** *Ça prend au moins deux heures pour traverser les **lignes** en juillet.* (Frontière avec les États-Unis.) **R.** «Le long des lignes» peut vouloir dire: en bordure de la frontière. **A.** *Line.* **2.** *Il aimerait trouver un emploi dans sa **ligne**.* (Domaine, spécialité.) **3.** *Gardez la **ligne** un moment, s'il vous plaît.* (Un moment s.v.p., ne quittez pas.) **A.** *Hold the line please.* **R.** Au téléphone, *fermer la ligne* signifie «raccrocher». **4.** *On entend de drôles de commentaires à ces **lignes ouvertes**.* (Tribune téléphonique.) **A.** *Open line.* **5.** *L'usine a trois **lignes d'assemblage**.*

(Chaîne de montage.) **A.** *Assembly line.* **6.** *En bout de ligne, ils verront bien que nous avions raison.* (En fin de compte.) **A.** *At the end of the line.* **7.** *On a attendu en ligne pendant deux heures.* (À la file.)

LIMONADE n.f. *Je peux vous offrir une limonade ou une bière, à votre choix.* (Citronnade, jus de citron et eau sucrée.) **R.** En Europe, la limonade est une boisson gazeuse.

LINGE n.m. *Il y a du beau linge dans cette boutique.* (Vêtements.) **R.** Au Québec, le mot peut vouloir dire l'ensemble des vêtements et non seulement les sous-vêtements, les draps ou les serviettes. **V.** Vieux français.

LIQUEUR n.f. *Prends-tu un verre de liqueur [douce] ?* (Boisson gazeuse, non alcoolisée.) **R.** Désigne aussi les digestifs.

LISABLE adj. *Avec son écriture en pattes de mouche, c'est pas lisable.* (Lisible.)

LISEUX, EUSE n. *Il achète rarement des livres. C'est pas un gros liseux.* (Grand liseur, grand lecteur.)

LIT n.m. *Il y avait un seul lit double.* (Grand lit, lit à deux places.) **A.** *Double bed.* **R.** *Lit simple* signifie « petit lit » ou « lit à une place ».

LITTÉRATURE n.f. *Il n'y avait pas beaucoup de littérature là-dessus à la bibliothèque.* (Documentation.) **A.** Anglic. dans ce sens.

LIVRAISON n.f. *Nous allons l'envoyer par livraison spéciale.* (Exprès.) **A.** *Special delivery.*

LIVRE n.f. *À 200 livres, son poids dépasse les normes.* (Mesure de masse anglaise, longtemps en vigueur au Canada et encore souvent utilisée de nos jours, en dépit de l'implantation officielle du système international.) **R.** Une livre (*pound*), ou 16 onces, vaut 454 grammes. Chez l'épicier, les mesures métriques sont toujours indiquées, mais notez quand même qu'un kilo équivaut à 2,2 livres.

LOADÉ, E (se prononce «lôdé») adj. **1.** *Mon camion est loadé, je ne peux plus en prendre.* (Chargé.) **2.** *Ce garçon est un beau parti, Ginette : il est loadé.* (Riche, plein de fric.) **A.** *Loaded.*

LOADER (se prononce «lôdé») v. *Il faut loader les boîtes dans le camion.* (Charger.) **A.** *To load.*

LOADEUR (se prononce «lôdeur») n.m. *Le loadeur sera utile pour vider le camion de sa marchandise.* (Chargeuse, tracteur à chargement.) **A.** *Loader.*

LOCKER (se prononce «lâkeur») n.m. *J'ai mis ton vélo dans le locker.* (Placard de rangement, muni d'un cadenas.) **A.** Mot anglais.

LONG-JEU n.m. *J'ai de vieux longs-jeux des Stones.* (Microsillon.) **A.** *Long-play.*

LONGUE DISTANCE n.m. *Pour lui parler, il a fait de nombreux [appels] longues distances.* (Appel interurbain.) **A.** *Long distance call.*

LOTO n.f. *Il espère gagner à la loto.* (À la loterie.)

LOUNGE (se prononce «laoundge») n.m. *Il y avait foule dans le lounge de l'hôtel.* (Bar, hall.) **A.** Mot anglais.

LOUP-MARIN n.m. *Il songe à relancer la chasse aux loups-marins.* (Phoque.)

LOUSSE 1. n.m. *Sa robe a du lousse autour de la taille.* (Avoir du jeu, être ample.) **2.** n.m. *Sa copine lui donne du lousse.* (De la liberté, une marge de manœuvre.) **3.** adj. *La corde qui retenait le bateau était lousse.* (Mou, lâche.) **4.** adj. *Je lui ai dit de ne pas lâcher le chien lousse.* (Sans laisse.) **5.** adj. *Il se sent lousse dans ses finances pour t'acheter ce cadeau.* (À l'aise, généreux.) **A.** *Loose.*

LUCK n.f. *J'avais une luck que je pouvais pas refuser.* (Chance, occasion.) **A.** Mot anglais.

LUCKY adj. *J'ai été lucky de le rencontrer au bon moment.* (Qui a de la chance, veinard.) **A.** Mot anglais.

LUMIÈRE n.f. **1.** *Tu tournes à gauche aux **lumières**, et le restaurant n'est pas loin.* (Feux de circulation.) **2.** *Tu devrais allumer tes **lumières** pour conduire.* (Feux d'automobile.) **3.** *J'ai allumé mes **lumières** d'urgence.* (*Warning*, feux de détresse.) **A.** *Light.*

LUNETTERIE n.f. *C'est la meilleure **lunetterie** en ville.* (Boutique spécialisée où l'on vend des lunettes et des verres de contact.)

M

N'en déplaise à certains, le joual fait partie du patrimoine québécois. Il ne viendrait à l'idée de personne, en France, d'aller essayer de gommer le langage un peu fleuri que l'on parle du côté de Marseille. Je ne souhaite pas, bien entendu, que toute la francophonie se mette à parler joual, mais on aurait tort d'oublier que c'est grâce au joual que le Québec est resté francophone.

ANDRÉ KERVELLA
nouvel arrivant au Québec,
originaire de Bretagne,
La Presse, 27 avril 1994

⚜ ⚜ ⚜

MACARON n.m. *Il y avait des slogans sur les macarons.* (Plus courant que «*badge*», «*insigne*».)

MÂCHABLE adj. *Je déteste ces pâtes. C'est pas mâchable.* (Difficile à mâcher.)

MÂCHÉE n.f. *Le professeur lui a dit de sortir de la classe simplement à cause d'une mâchée de gomme.* (Morceau de *chewing-gum*.)

MÂCHOIRES n.f.pl. *Après l'accident, il a fallu les mâchoires de vie [ou de survie] pour sortir le conducteur de la voiture.* (Pince de désincarcération.) **A.** *Life jaws.*

MADAME n.f. *Regarde la madame qui entre dans le métro.* (La dame.)

MAGANÉ, E adj. *Mon divan n'a pas l'air trop magané*. (Usé, défraîchi, affaibli.) **V.** Vieux français.

MAGANER v. **1.** *Cette maladie l'a beaucoup magané.* (Fatiguer, affaiblir.) **R.** Ce mot se dit aussi au Sénégal, avec le même sens. **2.** v. pron. *Il va finir par se maganer avec l'alcool.* (S'user, se démolir.) **V.** Vieux français.

MAGASINAGE n.m. *Elle a fait son magasinage pour l'été.* (Courses, *shopping*.)

MAGASINER v. *Ils sont partis magasiner.* (Courir les magasins, faire du *shopping*.)

1. MAIN n.f. **1.** *C'est un village qui est grand comme ma main.* (Très petit.) **2.** *Il a les mains pleines de pouces.* (Être maladroit.) **3.** *Il m'a envoyé la main avant de partir.* (Saluer.) **4.** *J'ai trouvé ce bibelot chez un marchand de seconde main.* (Brocanteur, marchand de bric-à-brac.) **A.** *Secondhand store keeper.* Calque de l'anglais dans ce sens.

2. MAIN (se prononce « méïne ») n.f. *Je me suis promené sur la main.* (Rue principale.) **A.** Mot anglais.

MAIRESSE n.f. *Nous avons été reçus à l'hôtel de ville par madame la mairesse.* **R.** Généralement, femme élue à la direction de l'administration municipale ; à ne pas confondre avec l'épouse du maire.

MAIS QUE loc. conj. *Je vais te le dire mais que j'aille à Québec.* (Quand.) **V.** Vieux français. Il s'agit, selon L.-P. Geoffrion, d'une expression courante dès le XVe siècle.

MALAISÉ, E adj. *Ça aurait été malaisé de faire mieux.* (Difficile.)

MALARD n.m. *L'été, nous voyons des malards sur l'étang.* (Variété de canard nord-américain.) **R.** Le mâle se reconnaît à sa tête verte.

MALCOMMODE adj. *C'est un enfant malcommode qui n'écoute pas.* (Turbulent.) **V.** Vieux français.

MALIN, E adj. *Il a tendance à être **malin** et il fait peur aux enfants.* (Ce mot peut avoir un sens négatif : méchant, agressif.) **R.** Ailleurs dans la francophonie, le sens est plutôt positif : rusé, astucieux, brillant.

MALLE n.f. **1.** *La **malle** n'est pas encore arrivée.* (Courrier.) **A.** *Mail.* **2.** *Peux-tu regarder si sa lettre se trouve dans la **boîte à malle** ?* (Boîte aux lettres.) **A.** *Mailbox.*

MALLER v. *Elle m'a demandé de **maller** ses lettres.* (Poster.) **A.** *To mail.*

MAP n.f. *Cette histoire met le village **sur la map**.* (En évidence.) **A.** Mot anglais.

MARABOUT adj. *D'habitude, il est **marabout** le matin.* (De mauvaise humeur.)

MARCHE n.f. *Ils ont **pris une marche** jusqu'au pont.* (Faire une promenade.) **A.** *To take a walk.*

MARDE n.f. **1.** *Tu as fait ton boulot de travers. **Tu risques d'avoir d'la marde avec ça**.* (Ton travail bâclé risque d'avoir de fâcheuses conséquences, de t'attirer des ennuis.) **2.** *Maudite **marde** !* (Merde alors !) **R.** Déformation de « merde ». * Vulg.

MARDEUX, EUSE adj. *Pour marquer un point comme ça, il faut **être mardeux**.* (Avoir de la chance, dans le domaine sportif.) * Vulg.

MARÉE n.f *Il avait des pantalons **à marée haute**.* (Trop court.)

MARGINALISATION n.f. *Le ministre a reconnu les problèmes de **marginalisation** des paroisses rurales.* (Disparité.) **R.** Terme de sociologie.

MARIER v. *Il a **marié** une Belge l'an dernier.* (Épouser, se marier avec.)

MARINGOUIN n.m. *Au printemps, près du lac, des nuées de **maringouins** foncent sur nous.* (Moustique piqueur.)

MARSHMALLOW (se prononce « mâchemâlo ») n.m. *J'ai apporté des marshmallows.* (Guimauve.) **A.** Mot anglais.

MASCOU n.m. *Les gros-becs mangent du mascou.* (Fruit du sorbier.) **R.** Mot amérindien.

MASKINONGÉ n.m. *Il y avait du maskinongé autrefois dans ce lac.* (Poisson d'eau douce, apparenté au brochet.) **R.** Mot algonquin.

MASSE n.f. *Du dessert ? Il y en a en masse.* (Beaucoup.) **V.** Vieux français. Plus courant qu'en Europe.

MATANTE n.f. *Elle veut aller chez sa matante.* (Tante.)

MATCHER v. *On devrait les matcher. Ça ferait une bonne équipe de travail.* (Réunir, assortir.) **A.** *To match.*

MATÉRIEL n.m. *Il est fait avec quel matériel, ce chandail ?* (Matière, tissu.) **A.** *Material.* Anglic. dans ce sens.

MATURE adj. *L'enfant n'est pas assez mature pour prendre cette décision.* (S'emploie autant que « mûr ».)

MAUTADIT, E adj. et interj. *Tu parles d'une mautadite affaire !* **R.** Forme adoucie de « maudit ».

MÉDIUM 1. adj. *Il a demandé un steak médium.* (Cuit à point, à point.) **2.** n. et adj. *Cette chemise est médium.* (De taille moyenne.) **A.** *Medium.*

MEILLEUR n.m. *Au meilleur de ma connaissance, je pense que tu devrais accepter.* (Autant que je sache.) **A.** *To the best of my knowledge.*

MÉLANGE n.m. *N'oublie pas d'apporter un mélange à gâteau à la vanille.* (Préparation à gâteau.)

MÉLANGÉ, E adj. *Il était tout mélangé dans ses papiers.* (Empêtré, embrouillé.)

MÊLANT, E adj. **1.** *J'ai travaillé sur quatre dossiers urgents en même temps. C'était **mêlant**.* (Compliqué.) **V.** Vieux français. **2.** *C'est pas mêlant, j'en avais par-dessus la tête.* (Ce n'est pas un secret, ce n'est pas difficile à comprendre.)

MÊLÉ, E adj. *J'étais tout **mêlé**. Je ne savais plus si cette fille était ta sœur ou ta cousine.* (Embrouillé, perdu.) **V.** Vieux français.

MELON n.m. *J'aime les **melons d'eau** quand il fait chaud.* (Pastèque.) **A.** *Watermelon.*

MÊME (DE) loc. adv. **1.** *Je n'ai jamais été surpris **de même**.* (Comme ça.) **2.** *Un livre **de même**, c'est un succès assuré.* (Comme ça, un tel livre.) **V.** Vieux français.

MÉMÉRAGE n.f. *Quand ils auront fini leur **mémérage**, dis-leur que je veux les voir.* (Bavardage.)

MÉMÈRE n. et adj. *Il est trop **mémère** pour te le dire en pleine face.* (Peureux.)

MÉMÉRER v. *Personne n'aime que l'on **mémère** dans son dos.* (Jacasser, parler à tort et à travers.)

MENTERIE n.f. *Il raconte des **menteries** à tour de bras.* (Mensonge.) **V.** Vieux français.

MÉSADAPTÉ, E n. *Il y a ici une maison pour **mésadaptés sociaux**.* (Personne en difficulté d'adaptation sociale.)

METTRE v. *Si elle est belle ? **Mets-en** !* **R.** Exprime une réalité qui dépasse les attentes.

MIEUX adv. *Vous êtes **mieux d'**attendre un peu.* (Il vaut mieux...)

MILLAGE n.m. *Mon auto a beaucoup de **millage** dans le corps.* (Kilométrage.)

MILLE n.m. *Je roulais à 88 **milles** à l'heure.* **R.** Les Européens prononcent ce mot à l'anglaise alors que les Québécois le prononcent « mil ». Même si le Canada est passé depuis des années au système international, le système anglais est encore largement utilisé. Les gens sont familiarisés avec les deux systèmes. Voir **pied.**

MINOUNE n.f. **1.** *Je ne veux pas acheter une **minoune** dans cet état.* (Vieille voiture.) **2.** *Qu'est-ce que tu veux, ma belle **minoune**?* (Jeune fille.) **R.** Terme d'affection. **3.** *Ma **minoune** n'est pas revenue à la maison.* (Chatte.)

MISÈRE n.f. *J'ai **de la misère** à le croire sur parole.* (Du mal, de la difficulté.) **V.** Vieux français.

MITAINE n.f. **1.** *Elle a acheté des **mitaines** de laine pour l'hiver.* (Moufle.) **2.** *Ces petits souvenirs de la région sont faits **à la mitaine**.* (À la main.)

MITE n.f. *Apporte ta **mite** si tu veux jouer au baseball.* (Gant de baseball.) **A.** *Mitt.*

MOINEAU n.m. *Pour notre partie de badminton, je m'occupe d'apporter des **moineaux**.* (Volant.)

MOMENTUM n.m. *Notre équipe avait atteint un **momentum** et il fallait en profiter.* (Moment favorable.) **A.** Mot anglais.

MONONCLE n.m. *Nous invitons les **mononcles** et les **matantes** à la fête familiale.* (Oncle et tante.)

MOPPE n.f. *Demande au gars du service de l'entretien de passer la **moppe**.* (Balai-éponge, vadrouille.) **A.** *Mop.*

MORDÉE n.f. *Est-ce que je peux prendre une **mordée** dans ta pomme, chérie?* (Bouchée, morsure.)

MORON n. m. et adj. Voir ***niaiseux**.*

MORT 1. n.f. *Il est prétentieux **à mort**!* (À l'extrême.) **2.** adj. *N'oublie pas: **tiens ça mort**!* (C'est un secret.)

MORUE n.f. *J'ai acheté de la **morue** au quai.* (Plus courant que « cabillaud » ou « haddock ».)

MOSSELLE n.f. *As-tu vu le gars avec ses grosses **mosselles**?* (Muscle, biceps.) **A.** *Muscles.*

MOSUSSE interj. *Eh, mosusse, ça ne finira donc jamais !* **R.** Juron mineur. Vient de Moïse (en anglais : Moses).

MOTARD, E n. *Une procession de motards suivait le corbillard.* **R.** Au Québec, on parlera rarement de «motard» pour désigner les policiers en moto. Le mot «motard» est plutôt associé aux blousons noirs ou aux bandes louches. En Europe, le mot «motard» a également le sens de policier ou de militaire en moto.

MOTEUR n.m. *Wo les moteurs ! Je te défends d'aller plus loin.* (Ça suffit !)

MOTONEIGE n.f. *La motoneige a été inventée au Québec.* (Véhicule à une ou deux places muni de skis à l'avant et tracté par une chenille, *scooter des neiges*.) **R.** On dit aussi «skidoo» (marque déposée).

MOTONEIGISTE n. C'est le rendez-vous des **motoneigistes**. (Personne qui fait de la motoneige.)

MOTTON n.m. **1.** *C'est une femme qui a le motton.* (Être riche.) **2.** *Il avait le motton [dans la gorge].* (Être peiné, triste.)

MOUCHE n.f. **1.** *Il voulait voir les mouches à feu.* (Luciole.) **A.** *Fire fly.* **2.** *Il y a trop de mouches noires cet été.* (Insecte piqueur.)

MOUILLASSER v. *J'aime pas sortir quand il mouillasse.* (Pleuvoir légèrement, par intermittence.) **V.** Vieux français.

MOUILLER v. *Il a mouillé toute la semaine.* (Pleuvoir.) **V.** Vieux français.

MOULIN n.m. *Son frère travaille dans un moulin à scie.* (Usine à sciage, scierie.)

MOUMOUNE n.f. *Il déteste les moumounes.* (Homme efféminé.)

MOUVE n.m. *On pourrait faire un mouve vers Sherbrooke.* (Selon le contexte : mouvement, sortie, déménagement.) **V.** Le verbe «mouver» se disait autrefois en Normandie. Le mot peut provenir autant du vieux français que de l'anglais *move*.

MOYEN 1. n.m.pl. *Cest une famille en moyens.* (À l'aise financièrement.) **2.** adj. *T'es un moyen moineau !* (Personne comique ou surprenante, un drôle de pistolet.)

MUFFER (se prononce « moffé ») v. *J'ai muffé l'émission que je voulais écouter.* (Manquer.) **A.** *To muff.* * Dans le langage des jeunes.

MUFFLER (se prononce « moffleur ») n.m. *Le nouveau muffler sur ton auto fait trop de bruit.* (Pot d'échappement, silencieux.) **A.** Mot anglais.

MUSIQUE n.f. **1.** *Il a joué de la musique à bouche avant d'apprendre la guitare.* (Harmonica.) **R.** Se dit aussi dans certaines régions de la francophonie. **2.** *Ils ont ouvert une section de musique en feuilles.* (Feuille de musique.)

N

Avant, pour moi, la norme en français, c'était l'accent de France. Après quelques années au Québec, l'accent québécois m'apparaît comme standard. Et à mes oreilles maintenant, l'accent de France semble exotique.

BOUMÉDIÈNE FALAH
professeur d'origine algérienne

NANANE ou **NANANNE** n.m. **1.** *Les enfants ont recueilli beaucoup de nananes à l'Halloween.* (Bonbon.) **2.** En appos. *Elle a une robe rose nanane.* (Rose bonbon.) **3.** *Ah! l'enfant de nanane!* (Expression adoucie de «fils de pute».)

NAPKIN (se prononce «napkinne») n.f. *Passe-moi une napkin pour essuyer le lait renversé.* (Serviette de table de papier.) **A.** Mot anglais.

NATUREL adv. *J'ai toujours pensé qu'il frisait naturel.* (Naturellement.)

NE adv. *C'est pas difficile à comprendre. C'est pas de tes affaires. Il faut pas trop compter sur lui. Dis pas ça.* **R.** Dans le langage oral, le «ne» de la négation «ne pas» est très souvent escamoté, plus qu'en Europe.

NERF n.m. **1.** *Son comportement me tombe sur les nerfs.* (Exaspérer.) **2.** *Il est sur le gros nerf depuis cet accident.* (Énervé, tendu.) **3.** *Y'a pas de problème. Les nerfs!* (Du calme!)

NETTOYEUR n.m. *Elle a laissé sa robe chez le **nettoyeur**.* (Pressing, teinturier.)

NEUTRE n.m. *Laissez la voiture **au neutre**.* (Au point mort.) **A.** *Neutral.* Anglic. dans ce sens.

NEWFIE n. ou adj. *Il aime raconter des blagues de **Newfies**.* (Idiot, demeuré.) **R.** De Newfoundland : Terre-Neuve. Ironique.

NEXT n.m. *Après leur match de tennis, c'est nous autres les **next**.* (Prochain, suivant.) **A.** Mot anglais.

NIAISAGE n.m. *Je veux pas de **niaisage** ici !* (Flânage, perte de temps.)

NIAISER v. *J'en ai déjà vu d'autres. **Niaise-moé pas** !* (Ne joue pas avec mes nerfs, ne me prends pas pour une poire.)

NIAISEUX, EUSE n. et adj. **1.** *Attention, tu vas passer pour un **niaiseux**.* (Imbécile, niais.) **R.** Pour désigner un individu plus ou moins futé (un niaiseux), il existe une multitude d'expressions, avec toute une gamme d'émotions et de nuances : un bozo, un cave, un deux de pique, un deux-watts, un épais, un gnochon, un moron, un newfie, un nono, un tarla, un ti-caille, un ti-casse, un ti-coune, un ti-cul, un ti-zoune, un toton, un twit, un zarzaille, un zarzouin, un zozo, un zouave, etc. **2.** *Je trouve ça **niaiseux**.* (Absurde, insignifiant.)

NŒUD n.m. *Tout allait bien, mais nous **avons frappé un nœud**.* (Se heurter à un obstacle.)

NOIR, E adj. **1.** *Elle a les cheveux **noirs**.* (Brun.) **R.** En Europe, le terme « noir » est réservé à une chevelure vraiment noire, de type corbeau ou jais, ce qui n'est pas le cas au Québec. Ainsi, les Québécois utilisent souvent le terme « cheveux noirs » là où on dirait « bruns » en France. Et lorsque les Québécois parlent de « cheveux bruns », les Français parlent plutôt de « châtains ». **2.** *Il était **fâché noir**.* (Très fâché.)

NOIRCEUR n.f. **1.** *Je déteste conduire **à la noirceur**.* (Dans l'obscurité, de nuit.) **V.** Vieux français. **2.** *On*

*croirait revenir à **l'époque de la «grande noirceur»**.*
R. La «grande noirceur» fait référence au temps de Maurice Duplessis, premier ministre du Québec, dans les années quarante et cinquante, alors que le Québec connaissait un régime autoritaire et très conservateur qui a laissé un mauvais souvenir à beaucoup de monde.

NOLISÉ, E adj. *C'est moins cher d'acheter des billets pour un **avion nolisé**. (Charter.)*

NONO, NONOUNE n. et adj. *Fais pas le **nono***. (Imbécile.)

O

L'essentiel est dans la qualité de la langue que nous parlons. Or, cette langue s'est singulièrement détériorée. Il faut dire les choses comme elles sont : si nous ne pouvons pas faire un effort collectif de restauration de la langue, on aura beau dresser des barrières tout autour, on ne sera pas beaucoup plus avancés.

FERNAND DUMONT
L'actualité, 15 septembre 1996

❦ ❦ ❦

OBJECTER (S') v. pron. *Notre groupe s'est objecté à ce projet de loi.* (S'opposer.) **R.** « Objecter » existe en français, mais pas « s'objecter ».

OBSTINER (S') v. pron. *C'est inutile de s'obstiner avec lui.* (Discuter, argumenter.) **R.** Le verbe existe en français, mais a le sens de s'entêter, insister. On entend aussi, au Québec, *s'ostiner, s'astiner.*

ŒIL n.m. **1.** *J'ai vu son sourire dans l'œil magique, juste avant qu'elle entre.* (Œil de porte, judas.) **2.** *Je t'avais dit que tu tomberais dans l'œil de quelqu'un ce soir.* (Séduire, plaire.)

OFF adv. ou adj. **1.** *J'avais une journée off hier.* (Jour de congé.) **2.** *Le piton du poêle est à off.* (À la position « arrêt ».) **3.** *Je ne voulais plus entendre ces stupidités. J'ai mis ma switch à off.* (Se mettre en pilotage automatique, se boucher les oreilles.) **A.** Mot anglais.

OFFRIR v. *Le collège offre des cours d'informatique le lundi soir.* (Donner.)

OISEAU n.m. *Il a très bien réussi. Il était **aux [petits] oiseaux***. (Au septième ciel.)

ONCE n.f. **1.** *Il faut seize **onces** pour faire une livre.* (Mesure de poids anglo-saxonne valant 28,35 grammes.) **2.** *J'ai hésité entre un **vingt-six onces** et un **quarante onces** de vodka.* **R.** Format de bouteille.

ONE-WAY (se prononce «ouane-oué») n.m. *Interdit d'entrer. C'est un **one-way**.* (Sens unique.) **A.** Mot anglais.

OPENER (se prononce «opèneur») n.m. *Je cherche l'**opener**.* (Ouvre-bouteille.) **A.** Mot anglais.

OPÉRATION n.f. *L'usine est **en opération** pour le reste de l'année.* (En activité.) **A.** *In operation.* Anglic. dans ce sens.

OPÉRER v. **1.** *Il a cessé d'**opérer** son commerce.* (Tenir un commerce, diriger une entreprise.) **2.** *Sais-tu comment **opérer** cette machine?* (Actionner, faire fonctionner.) **A.** *To operate.* Anglic. dans ces sens.

OPPORTUNISTE n. ou adj. *Il a toujours été **opportuniste** dans ces situations. C'est un champion!* (Habile, astucieux.) **A.** Dans la francophonie, ce mot a normalement une valeur péjorative, dans le sens de «profiteur», «arriviste». Au Québec, on l'utilise dans un sens autant positif que négatif, tout comme en anglais.

OPPORTUNITÉ n.f. *Ce projet représente de nouvelles **opportunités** d'emploi.* (Perspective, occasion.) **A.** *Opportunity.* Anglic. dans ce sens.

ORGANISER v. *C'est malheureux à dire, mais il s'est fait **organiser**.* (Duper, rouler.)

ORIGINER v. *Cette information **origine** sans doute du ministère.* (Provenir.) **A.** *To originate.*

ORIGNAL n.m. *Il aimerait bien voir un **orignal** dans la forêt.* (Élan d'Amérique.)

OSTIE juron

OUANANICHE n.f. *Les vacances pour lui, c'est d'aller à la pêche à la ouananiche.* (Variété de saumon d'eau douce.) **R.** Mot amérindien.

OUAOUARON n.m. *Près du lac, on entendait coasser les ouaouarons.* (Grenouille géante.) **R.** Mot amérindien.

OUBEDON conj. *J'avais pas le choix : c'était ça oubedon rien.* (Ou bien.) **R.** Contraction de «ou bien donc».

OÙ QUE loc. conj. *C'est la maison où que je suis né.* (Où.) — *Où que vous allez maintenant ?* (Où est-ce que.) **V.** Vieux français.

OURS n.m. *Il a bien réussi, contrairement à la moyenne des ours.* (À la moyenne des individus.)

OUT adv. *Désolé. La balle était out.* (Hors jeu.) **A.** Mot anglais. Du domaine du sport.

OUTARDE n.f. *Il a pris des photos des outardes, près de Montmagny.* (Oiseau migrateur, bernache du Canada.)

OUVERT, E adj. *Elle a gagné deux billets ouverts pour l'Europe.* (En Europe, on dira des billets *open*, sans date fixe d'utilisation.)

OVERALLS n.f.pl. *Tu ne devrais pas aller voir ta dulcinée avec tes overalls toutes sales.* (Salopette, bleus de travail.) **A.** Mot anglais.

OVERTIME n.m. *Il a dû faire de l'overtime pour arriver.* (Heures supplémentaires.) **A.** Mot anglais.

P

Le français est fait par les Français, tous les Français, et tous les autres francophones en plus. C'est une langue vivante, qui se transforme constamment.

Pierre Enckell
L'Événement du jeudi, 21 avril 1994

PACKAGE DEAL n.m. *C'est un bon package deal.* (Accord global.) **A.** Expression anglaise.

PAD n.m. **1.** *Je cherche un pad pour prendre votre numéro de téléphone.* (Bloc-notes.) **2.** *Il met des pads quand il joue au hockey.* (Jambières, qui protègent le genou et l'avant-jambe.) **A.** Mot anglais.

PAGETTE n.m. parfois f. *Son patron l'a averti par son pagette.* (Téléavertisseur.) **R.** Marque de commerce.

PAIN n.m. **1.** *Achète un quart de pain pour demain.* (Pain tranché et préemballé.) **R.** Le mot «pain» en France est souvent associé à du pain complet — seigle, froment, son... — plutôt qu'à une baguette, une ficelle, une flûte ou à un bâtard... Au Québec, on dit souvent *pain brun* pour pain de son et *pain de blé entier* pour pain complet. Ce qu'on appelle *pain doré* est l'équivalent du «pain perdu» en Europe. **2.** *On peut pas faire plus. On est nés pour un petit pain.* (Né pour mener une existence médiocre, besogneuse.)

PALESTRE n.f. *Le cours de taekwondo a lieu à la* **palestre**. (Petit gymnase, salle de sport.)

PALETTE n.f. **1.** *Peux-tu apporter la* **palette** *à mouches ?* (Tapette à mouches.) **2.** *Sa casquette avait une* **palette** *bleue.* (Visière.)

PALMARÈS n.m. *Il a deux chansons au* **palmarès**. (Plus courant que «*Hit-parade*», «*Top Fifty*»...)

PAMPHLET n.m. *Regarde dans le* **pamphlet** *du magasin.* (Prospectus, dépliant.) **A.** Anglic. dans ce sens.

PANEL n.m. *Il a loué un vieux* **panel** *pour le déménagement.* (Camionnette.) **A.** *Panel truck.*

PANTOUTE adv. *J'irai pas* **pantoute** *à cette réunion.* (Pas du tout, nullement.) **R.** Vient peut-être d'une déformation de «pas du tout», mais plus probablement d'une vieille expression : «Je suis pas fâché **en toute**», qui voulait dire «pas du tout». Attention : on peut aussi employer ce mot dans des phrases comme : *Cette soirée est* **pas pire pantoute** *!*, ce qui veut dire «très bien», et même «remarquable».

PAPIER n.m. **1.** *Passe-moi le* **papier collant**. (Scotch, papier gommé.) **2.** *J'ai besoin d'un* **papier mouchoir**. (Mouchoir en papier.) **3.** *Il n'y a plus de* **papier de toilette**. (Papier hygiénique, papier cul.) **4.** *Ce meuble a besoin de quelques coups de* **papier sablé**. (Papier de verre.) **A.** *Sand paper.* **5.** *C'est vrai,* **j't'en passe** *[ou* **j't'en signe** *] un papier.* (Je te donne ma parole.)

PAPINEAU Voir *tête*.

PAQUETÉ, E adj. **1.** *Ne le laisse pas conduire, il est* **paqueté**. (Ivre mort, rond comme une queue de pelle, fait comme un coing, soûl comme une vache.) **R.** On dit aussi, au Québec, avoir le dessous des pieds ronds, avoir pris une brosse. **2.** *Ils sont arrivés avec une grosse équipe* **paquetée**. (Pistonné, avantagé.)

PAQUETER (SE) v. pron. *Ils ont décidé de* **se paqueter la fraise**. (Manger ou boire abondamment.)

PAR prép. **1.** *La chambre mesure cinq mètres par trois.* (Sur.) **A.** *By.* Anglic. dans ce sens. **R.** «Par» entre dans la composition de nombreuses locutions. Voir *après* et *exprès*.

PARADE n.f. *Elle adore participer à ces parades de mode.* (Défilé.) **A.** Anglic. dans ce sens.

PARCOMÈTRE n.m. *Tu devrais mettre de l'argent dans le parcomètre.* (Parcmètre.)

PAREIL, EILLE 1. adj. *J'ai un chandail pareil comme le tien.* (Pareil au tien.) **R.** Au Québec, «pareil comme» se dit plutôt que «pareil que». **2.** adv. *La couleur est bizarre, mais le gâteau est bon pareil.* (Quand même.)

PARLABLE adj. *Je veux lui expliquer, mais il n'est pas parlable.* (C'est impossible de discuter avec lui.)

PARLER v. **1.** *Tu as bien réussi. Parle-moé de d'ça!* (Ça me fait plaisir.) **2.** *Encore lui? Parle-moi-z-en pas!* (Je ne veux pas en savoir davantage.) **3.** *Elle n'y connaît rien. Elle parle à travers son chapeau.* (Parler à tort et à travers, sans connaissance de cause.) **A.** *To talk throught one's hat.*

PARLEUR, EUSE n. *Je me fie pas à lui. C'est un grand parleur!* (Personne qui parle beaucoup mais qui agit peu.)

PARLURE n.f. *Pour nous, les Acadiens ont une drôle de parlure.* (Manière de parler.) **V.** Vieux français.

PARQUER (SE) v. pron. *Je vais me parquer près du Musée.* (Se garer.) **A.** *To park.*

PARRAINER v. *Notre compagnie souhaite parrainer cette expédition au pôle Nord.* (*Sponsoriser.*)

PART prép. *À part de ça, tout va très bien.* (À part ça.)

PARTIR v. **1.** *Va partir l'auto.* (Plus courant que «démarrer».) **2.** *Elle est partie à rire tout de suite.* (Plus courant que «se mettre à».) **3.** *D'un commun accord, ils sont partis en affaires dans le domaine* *de l'informatique*. (Se lancer en affaires.) **A.** *To start a business.* **4.** *Les enfants oublient parfois de **faire partir la toilette**.* (Tirer la chasse d'eau.)

PARTY (se prononce « parté ») n.m. *Viens vite! le **party** commence.* (Fête.) **A.** Mot anglais.

PAS adv. ***J'haïs pas ça!*** (J'aime ça.) *T'es **pas mal bon!*** (Très.) ***Elle est pas laide pantoute!*** (Elle est jolie.) *C'est **pas si pire que** je pensais.* (Mieux que, plus facile que.) ***J'étais pas si mauvais!*** (Ma performance était acceptable.) *Ton garçon était **pas reposant**.* (Excité.) **R.** Les Québécois raffolent (et abusent parfois) de ces formules à forme négative pour révéler avec une certaine retenue qu'ils apprécient une chose ou une qualité. Combien de fois entend-on comme réponse à la question: *Comment ça va?* un curieux: ***Pas trop pire!**...* Aussi, les Québécois diront beaucoup plus souvent **pas croyable**, **pas commode** ou ***pas pardonnable*** que *incroyable, incommode* ou *impardonnable*. **Locutions:** — PAS À PEU PRÈS *loc. adv. Il lui a parlé **pas à peu près**!* (Directement, sans détour.) — PAS BARRÉ, E *loc. adj. Quand je l'ai connu, il était **pas barré**.* (Fonceur, audacieux.) — PAS CAPABLE *loc. adj. Je suis **pas capable** de faire cet exercice,* ou *Je suis **pas capable** de me payer cette maison.* (Équivalent de: Je ne pourrai pas..., Je n'arriverai pas...) **R.** En Europe, l'expression « Je suis incapable de... » a plutôt le sens de: ne pas oser, ne pas avoir le courage de, comme dans: *Je suis incapable de lui annoncer cette mauvaise nouvelle.* — PAS DIABLE *loc. adj. Ce spectacle est **pas diable**.* (Banal, sans envergure.) — PAS PIRE *loc. adj. Bof, c'est **pas [si] pire**!* (Pas si grave.) — PAS POSSIBLE *loc. adj. C'est **pas possible** comme il est bon.* (Incroyable.) — PAS TUABLE *loc. adj. Elle fait ça depuis des années. Elle est **pas tuable**.* (Très énergique.) — PAS VITE *loc. adj. T'as pas encore trouvé la réponse! T'es **pas vite**.* (Lent, peu futé.)

PASSE n.f. **1.** *Les journalistes ont droit à une **passe** pour ce spectacle.* (Laissez-passer.) **A.** *Pass.* **2.** *Avec* *son fameux produit, il a **fait une passe**.* (Faire de l'argent rapidement, parfois de manière louche.) **3.** *Je pense qu'elle lui a **fait une passe** avec cette belle promesse.* (Leurrer, embobiner.)

PASSÉ, E adj. *Tu viens de boire un grand verre de lait **passé date**...* (Périmé, dont la date de péremption est dépassée.)

PASSER v. **1.** *Il **passe en cour** jeudi.* (Comparaître devant le tribunal.) **2.** *J'arrive un peu en retard. J'ai **passé tout droit**.* (Passer à côté, dépasser une destination par erreur, oublier de se réveiller.) **3.** *Il s'est fait **passer un sapin** dans cette histoire.* (Se faire rouler

PATATE n.f. **1.** *Il a mangé un hamburger et **une patate** [frite].* (Des frites.) **2.** *Il déteste les **patates pilées**.* (Purée de pommes de terre.) **V.** Vieux français. **3.** *Le ministre a encore une **patate chaude** dans les mains.* (Dossier brûlant, menace.) **A.** *Hot potato.* **4.** *Il n'a rien compris. Il **est dans les patates**.* (Se tromper, être à côté de la plaque, être dans les choux.) **5.** ***Lâche pas la patate**!* (Ne relâche pas l'effort.) **R.** Expression originaire de Louisiane.

PATCHAGE n.m. *Une solution **de patchage**, ça dure pas longtemps.* (Temporaire.) **A.** *To patch.*

PATCHER v. **1.** *Il s'occupe de **patcher** les genoux des pantalons des enfants.* (Rapiécer.) **2.** *Au printemps, il faut **patcher** beaucoup de trous dans les rues.* (Remplir, arranger.) **A.** *To patch.*

PÂTE n.f. *J'ai besoin de **pâte à dents**.* (Dentifrice, pâte dentifrice.) **A.** *Tooth paste.*

PÂTÉ n.m. *Pas encore du **pâté chinois**!* (Mets populaire, composé de purée de pommes de terre, de maïs en crème et de viande hachée.)

PATENTE n.f. **1.** *Tu parles d'une maudite **patente**.* (Histoire, élucubration.) **2.** *À toi aussi il a parlé de *sa **patente à gosse** ?* (Objet farfelu, projet sans queue ni tête.)

PATENTER v. *Il veut **patenter** un système pour que son jardin soit arrosé tous les jours.* (Mettre au point, inventer.)

PATENTEUX, EUSE n. *C'est un **patenteux** qui n'arrête jamais.* (Bricoleur inventif.)

PATIN n.m. **1.** *Il est vite sur ses patins.* (Réagir rapidement.) **2.** *Il faudra bien qu'il **accroche ses patins** un jour.* (Mettre fin à sa carrière.) **R.** Termes de sport, qui peuvent s'appliquer à d'autres domaines.

PATINER v. *Le ministre a encore une fois **patiné** sur la question.* (Faire semblant de répondre, tourner autour du pot.)

PATRONAGE n.m. *La position prestigieuse que vous lui offrez, c'est du pur **patronage** !* (Favoritisme.) **A.** Anglic. dans ce sens.

PATTE n.f. *Mon orteil a frappé la **patte** de la table.* (Pied.)

PAYEUR, EUSE n. *Encore une fois, les pauvres **payeurs de taxes** devront supporter les frais de cette politique.* (Contribuable.) **A.** *Tax payer.*

PEANUT n.f. Voir ***pinotte***.

PEDDLER (se prononce «peddleur») n.m. *Il avait trouvé un emploi de **peddler**, mais il s'est fait mettre à la porte.* (Colporteur, marchand ambulant.) **A.** Mot anglais.

PEINE n.f. **1.** *Nous sommes arrivés à Québec **de peine et de misère**, en pleine tempête.* (Péniblement, difficilement.) **V.** Vieux français. **2.** *Il n'a pas eu sa récompense. **Ça nous en fait de la peine !*** (Ça ne nous dérange pas du tout !) **R.** Ironique.

PEINTURER v. **1.** *Je veux **peinturer** la maison l'été prochain.* (Peindre.) **2.** v. pron. *Il est allé trop vite dans ce dossier. Il **s'est peinturé dans le coin**.* (Être coincé, pris au piège.)

PELLETEUX, EUSE n. *Je ne suis pas venu ici pour entendre des **pelleteux de nuages***. (Intellectuel trop abstrait.)

PENSIONNER v. *Il **pensionnait** chez la voisine*. (Loger.)

PENTURE n.f. *Il a frappé la porte tellement fort que les **pentures** ont été arrachées*. (Aussi courant que «charnière».) **V.** Mot d'origine normande.

PÉPÉ adj. *C'est l'animateur le plus **pépé** en ville*. (Enthousiaste, excitant.) **A.** De *pep*.

PÉPINE n.f. *Il a besoin d'une **pépine** pour creuser les fondations de sa maison*. (Excavatrice, pelle mécanique.)

PÉQUISTE n. ou adj. *Les **péquistes** prônent la souveraineté du Québec*. (Membre du Parti québécois, parti politique.)

PERDRIX n.f. *Il m'a invité à la chasse à la **perdrix***. **R.** Les Québécois désignent familièrement sous ce nom la gélinotte huppée et le tétras des savanes, deux oiseaux cousins de la perdrix. En fait, l'oiseau qui s'appelle «perdrix» vit plus au sud, aux États-Unis.

PERFORMER v. *Je vais **performer** du mieux que je peux*. (En Europe, on dira: *Je vais donner le meilleur de moi-même, faire de mon mieux*.) **A.** *To perform*.

PERSONNE n.f. *Y'a pas **personne** dans la maison*. (Il n'y a personne.)

PERSONNE-RESSOURCE n.f. *Ce professeur est une **personne-ressource** importante pour notre colloque*. (Expert.)

PESANT, E adj. *Ce piano est plus **pesant** que je pensais*. **R.** Au Québec, on emploie le mot «pesant» autant que le mot «lourd» lorsqu'on fait allusion au poids d'un camion, d'une charge ou d'un dictionnaire. * Certains prononcent «pésan».

PESER v. *Pesez sur le bouton d'en haut*. (Presser, appuyer.)

PÉTAGE n.m. **1.** *J'en ai assez du **pétage de bretelles**.* (Vantardise.) **R.** On dit aussi ***pétage de broue*** dans le même sens.

PÉTARD n.m. *Je vais te présenter le plus beau **pétard** en ville!* (Fille ou gars attirant.)

PÉTER v. **1.** *Ne le crois pas. Il **pète de la broue**.* (Se vanter.) **2.** *Si elle continue comme ça, elle va **péter au fret**.* (Mourir.) **3.** *Va **péter**.* (Fous-moi la paix.) **R.** *Envoyer péter quelqu'un* est une forme adoucie pour «envoyer chier quelqu'un», le rembarrer. **4.** *Il a **pété des scores** à l'examen.* (Avoir un excellent résultat, se dépasser.) **5.** v. pron. *Il **se pète les bretelles** depuis qu'il a obtenu cet emploi.* (Se vanter).

PÉTEUX, EUSE n. *Ne te laisse pas impressionner. C'est un **péteux de broue**.* (Vantard.)

PET SHOP n.m. *Il a acheté son chat au **pet shop**.* (Boutique pour animaux.) **A.** Mots anglais.

PEUR n.f. **1.** *Il faut pas que les journalistes **partent en peur** avec cette histoire.* (S'énerver, faire tout un plat.) **2.** *Veux-tu arrêter de **conter des peurs** aux enfants?* (Raconter des histoires invraisemblables.)

PHARMACIE n.f. *Peux-tu me conduire à la **pharmacie**? J'ai besoin d'aspirines, de shampooing et de chocolat.* **R.** Ce qui surprend les Européens, c'est qu'on y vend non seulement des médicaments mais toutes sortes de produits.

PHYSIOTHÉRAPEUTE n. *J'ai rendez-vous chez le **physiothérapeute**.* (Kinésithérapeute.)

PIASTRE n.f. **1.** *Ça coûte sept **piastres**.* (Dollar.) **2.** *C'est **comme changer quatre trente sous pour une piastre**.* (Du pareil au même.) **V.** Vieux français. Ancienne monnaie du Canada. Voir ***sou***. * Se prononce souvent «piasse».

PIC (À) loc. adj. *T'es donc ben **à pic** à matin.* (Susceptible, soupe au lait.)

PIC-BOIS n.m. *De bonne heure, un **pic-bois** nous a réveillés.* (Pic, pivert.)

PICHENOTTE n.f. *Je lui ai donné une **pichenotte** dans le cou.* (Pichenette.) **V.** Vieux français.

PICHOU n.m. *Mes **pichous** sont percés.* (Pantoufle, vieille chaussure.)

PICOSSER v. *Elle a toujours aimé **picosser** dans mes plates-bandes.* (Picorer, fureter.)

PICOUILLE n.f. *Tu devrais pas miser sur une **picouille** comme ça.* (Vieux cheval, rossinante.)

PIED n.m. **1.** *Le plafond est à huit **pieds** du sol.* **R.** Unité de mesure anglaise, encore très utilisée. Un pied équivaut à 30,48 centimètres. Notez que le système a 12 **pouces** (*inch*) dans un **pied** (*foot*), 3 pieds dans une **verge** (*yard*) et 5280 pieds dans un **mille**. **2.** *Il mesure **cinq et dix**.* (1,78 mètre.) **R.** Abréviation pour « cinq pieds dix pouces ». **3.** *Elle est arrivée avec un **grand six pieds** à son bras.* (Homme grand.) **4.** *Il a réussi à **se placer les pieds** juste avant la récession.* (Se trouver une position stable.) **5.** *Le député **se traîne les pieds** dans le dossier de la nouvelle route.* (Retarder les choses.) **6.** *Il se promène dehors **en pieds de bas**.* (En chaussettes.) **7.** *Il n'est pas à **pied**.* (Il est à l'aise, financièrement.)

PIGER v. **1.** *Il va **piger** le billet gagnant dans ce baril.* (Tirer au hasard.) **2.** *Il faudra **piger** dans la réserve si on veut prendre des vacances.* (Puiser.)

PILER v. *Il n'aime pas se faire **piler sur** les pieds.* (Marcher sur.) **V.** Vieux français. Le mot « piler » existe en France dans d'autres sens, comme dans l'expression populaire peu connue au Québec : *J'ai dû **piler** pour ne pas l'écraser* (freiner brusquement).

PIMENT n.m. *As-tu mis des morceaux de **piments** dans la salade ?* (Plus courant que « poivron ».)

PINCETTE n.f. *Il traverse une période difficile. Il faut le prendre **avec des pincettes**.* (Délicatement.) **R.** En France, l'expression « il n'est pas à prendre avec des pincettes » se dit de quelqu'un qui est de très mauvaise humeur.

PINCH n.m. *Il s'est rasé le **pinch** hier.* (Barbichette.) **R.** Dans certaines régions du Québec, le mot désigne la moustache.

PINNE ou **PINE** n.f. **1.** *Attention ! Tu vas casser la **pinne** de ta montre si tu tires trop fort.* (Épinglette, goupille.) **2.** *Il est entré dans le stationnement **la pinne à planche** [ou **la pinne au fond**].* (À toute vitesse, à pleins tubes.) **A.** *Pin.*

PINOTTE n.f. **1.** *J'ai le goût de manger des **pinottes**.* (Cacahuète.) **2.** *Il travaille **pour des pinottes**.* (Pour un petit salaire.) **3.** *Il mange son pain avec du **beurre de pinotte**.* (Beurre d'arachide, pâte de cacahuète.) **A.** *Peanut.*

PINSON n.m. *Il existe au Québec plus d'une quinzaine de variétés de **pinsons**.* (Nom commun du bruant.) **R.** Le pinson européen est un oiseau différent du « pinson » américain.

PINTE n.f. *Nous buvons cinq **pintes** de lait par semaine.* **R.** Avant l'implantation du système international au Canada, le format standard pour la vente du lait était la pinte (1,136 litre). Maintenant, le lait se vend principalement en format d'un litre, mais beaucoup disent encore qu'ils vont acheter une pinte de lait. Attention : la pinte canadienne est d'un format différent de la pinte américaine. Voir ***gallon**.*

PIOCHE n.f. et adj. *Il a l'air **pioche**.* (Idiot, cloche.)

PIPE n.f. *C'est pas à moi que tu vas conter une **pipe**.* (Mensonge, histoire.) * Dans le langage des jeunes.

PIQUERIE n.f. *La police a fermé la **piquerie**.* (Endroit où des personnes s'injectent de la drogue.)

PIQUETAGE n.m. *Les grévistes ont fait du **piquetage** même pendant la tempête.* (Manifestation de travailleurs.) **A.** *Strike pickets.* **R.** Un «piqueteur» est synonyme de gréviste. On entend aussi «dresser les piquets de grève» ou «piqueter» dans le sens de «faire la grève».

PIS conj. *Je vais y aller avec Éric, Simon **pis** Cynthia.* (Puis, et.)

PISSOU n.m. *C'est un **pissou** qui n'a rien dans le ventre.* (Peureux, lâche.) **A.** De *pea soup.*

PITCHER v. *Il lui a **pitché** quelques bêtises.* (Lancer.) **A.** *To pitch.*

PITCHEUR n.m. *Le **pitcheur** a besoin de repos.* (Lanceur.) **A.** *Pitcher.*

PITON n.m. **1.** *Le **piton** pour le onzième étage est coincé.* (Bouton.) **2.** *Tu **es de bonne heure sur le piton** aujourd'hui, toé.* (Être matinal, se lever tôt, être en avance.) **3.** *Ce médicament devrait le **remettre sur le piton**.* (Faire retrouver sa forme à quelqu'un.) **4.** *Je lui faisais confiance, mais il a **dormi sur le piton**.* (Roupiller pendant le boulot.)

PITONNER v. *Les enfants ont **pitonné** sur le jeu vidéo pendant des heures.* (Jouer.)

PITONNEUX n.m. *Le **pitonneux** est une invention qui facilite la vie.* (Télécommande.)

PITOUNE n.f. **1.** *Dans le temps, il y avait de la **pitoune** sur la rivière Saint-Maurice.* (Bille de bois rond.) **2.** *À soir, on sort. On va voir les **pitounes**.* (Fille.) * Vulg. dans ce sens.

PLACE n.f. ***Place** Ville-Marie, **Place** Laurier, **Place** des Vétérans.* **R.** En Amérique, le mot «place» désigne parfois des centres commerciaux, des immeubles, tout aussi bien que des «places publiques» ouvertes.

PLACER v. **1.** *Je voulais **placer** un appel à Calgary.* (Faire.) **A.** *To place a call.* **2.** *Vous êtes certain qu'on*

s'est déjà vus? Je ne réussis pas à vous [re]placer.
(Reconnaître.) **A.** *To place somebody.*

PLACOTAGE n.m. *Cessez ce placotage inutile !*
(Bavardage.)

PLACOTER v. *À la cafétéria, j'ai entendu des gens qui placotaient sur ton compte.* (Commérer, «tailler une bavette».) **V.** Vieux français.

PLANCHE n.m. *Il a acheté un terrain sur le planche pour bâtir son chalet.* (Plat.)

PLANCHER n.m. *Le rayon des cadeaux, c'est au troisième plancher.* (Étage.) **A.** *Floor.* Anglic. dans ce sens. **R.** Attention, le rez-de-chaussée compte souvent pour un étage en Amérique du Nord.

PLANIFICATION n.f. *Il a été embauché pour s'occuper de la planification des ressources humaines.* (En Europe, on parle plutôt de la «gestion prévision-nelle».) **R.** Le terme «planification» est parfois associé au type de gestion autoritaire qui fut pratiqué dans les pays de l'Est.

PLANTER v. **1.** *Il l'a planté encore une fois.* (Ridiculiser, baiser.) **2.** v. pron. *Je me suis planté pour lui faire un beau cadeau.* (S'efforcer.)

PLASTER (se prononce «plasteur») n.m. *Veux-tu mettre un plaster sur ton doigt ?* (Pansement, sparadrap.) **A.** Mot anglais.

PLAT n.m. *Je vais mettre les assiettes dans le plat à vaisselle.* (Bassine à vaisselle.)

PLATTE adj. **1.** *J'aurais pas dû venir. C'est une soirée platte.* (Ennuyeux, fastidieux.) **2.** *Encore des farces plattes !* (Insignifiant.) **3.** *Il fait mauvais dehors. C'est platte !* (C'est dommage.)

PLEIN (À) loc. adv. *Tu pourras voir des animaux. Il y en a à plein à l'exposition.* (Beaucoup.)

PLEUMER v. *Au casino, tu risques de te faire pleumer.* (Plumer.)

PLOGUE n.f. **1.** *J'avais oublié de brancher la **plogue**.* (Fiche, prise de courant.) **2.** *C'est une **plogue** gratuite pour lui.* (Publicité.) **A.** *Free plug.*

PLOGUER v. **1.** *Il fait froid. N'oublie pas de **ploguer** ton char.* (Brancher l'auto, pour réchauffer le moteur en hiver.) **2.** *Cet artiste est en train de **se ploguer**.* (Vendre sa salade, se mettre en évidence.) **A.** *To plug.*

PLOMB n.m. Voir ***crayon***.

PLYWOOD (se prononce « plaill'woud ») n.m. *J'ai besoin de feuilles de **plywood**.* (Contreplaqué.) **A.** Mot anglais.

POCHE adj. *J'ai toujours été **poche** en math.* (Piètre, minable.) * Surtout dans le langage des jeunes.

POCHER v. *J'ai **poché** mon examen.* (Rater.) * Surtout dans le langage des jeunes.

POÊLE n.m. **1.** *Il y a deux éléments sur le **poêle** qui ne chauffent plus.* (Cuisinière.) **2.** *Je veux m'acheter un **petit poêle** pour faire du camping.* (Réchaud.)

POGNÉ, E adj. **1.** *C'est un gars **pogné**.* (Complexé, coincé.) **2.** *Je suis **pogné avec** un client récalcitrant.* (Accaparé par.) **R.** De « poigner ».

POGNER ou **POIGNER** v. **1.** *Je dois partir si je veux **pogner** mon avion. Avec ce froid, j'ai encore **pogné** un rhume.* (Attraper.) **V.** Vieux français, dans le sens de : saisir, prendre. **2.** *Elle est devenue une vedette qui **pogne** autant en France qu'aux États-Unis.* (Avoir du succès.) **3.** *Je me suis **fait pogner** avec cette histoire.* (Se faire avoir.) **4.** *C'est pas le temps de **pogner les nerfs**.* (S'énerver.) **5.** v. pron. *Tout l'été, il **s'est pogné le cul**.* (Perdre son temps.) * Vulg. dans ce sens.

POIGNÉE n.f. **1.** *Il a pris le pot par la **poignée**.* (Anse.) **2.** *Tu penses que je vais croire ça ? **Est-ce que j'ai une poignée dans le dos ?*** (Ne me prends pas pour une valise, un imbécile.)

POIL n.m. *Il n'y a pas de quoi **s'exciter le poil des jambes**.* (S'énerver.)

POLE n.m. parfois f. *Le **pole** du rideau a été arraché.* (Tringle.) **A.** Mot anglais.

POLI n.m. *Elle a mis du **poli** à ongles et son maquillage de luxe.* (Vernis.) **A.** *Polish.*

POLICE n.f. *Les deux **polices** ont fait leur rapport.* (Policier, agent de police.)

POLYVALENTE n.f. *Ton fils étudie à la **polyvalente**.* (Lycée, école secondaire.) **R.** On y donne des programmes généraux et professionnels.

POMME n.f. *Tu ne vois pas qu'il essaie de te **chanter la pomme**.* (Flirter, conter fleurette.)

PONT n.m. *Son dentiste lui a posé un **pont**.* (En France, un «*bridge*».)

POOL n.m. *Ils vont jouer au **pool** ensemble.* (Billard.) **A.** Mot anglais.

POPSICLE (se prononce «popsékeul») n.m. *Les enfants voulaient des **popsicles** pour se rafraîchir.* (Glace en bâtonnet.) **A.** Mot anglais.

POQUE n.f. **1.** *T'as vu les **poques** sur ma voiture?* (Marque de coup.) **A.** *Puck.* Voir aussi ***puck***.

POQUÉ, E adj. *Chu vraiment **poqué** partout.* (Courbaturé, fourbu, cassé.) **A.** *Puckered*, dans un sens différent.

PORTE-ORDURES n.m. *Tu cherches le **porte-ordures**?* (Porte-poussière, petite pelle à balayer.)

PORTIQUE n.m. *Je l'ai fait entrer dans le **portique**.* (Vestibule.)

PORTRAIT n.m. *Elle m'a montré ses vieux **portraits** de jeunesse.* (Photo.)

POSER v. **1.** *Je vais te **poser** juste devant le château.* (Photographier.) **2.** *Le gouvernement a **posé** un geste pour montrer sa bonne volonté.* (Faire un geste, accomplir une action.)

POTEAU n.m. *Ce politicien a de bons poteaux dans sa circonscription.* (Partisan sur qui on peut compter, principalement en politique.) **R.** Au Québec, ce mot n'a pas le sens d'«ami».

POUCE n.m. **1.** *Voici une règle de 12 pouces.* **R.** Unité de mesure anglo-saxonne, équivalant à 2,54 centimètres. Voir *pied*. **2.** *Nous allons faire du pouce jusqu'en Ontario.* (Faire du stop.)

POUCEUX, EUSE n. *Nous avons pris un pouceux en revenant de l'Abitibi.* (Auto-stoppeur.)

POUDRE n.f. *J'ai mis un peu de poudre à pâte.* (Levure chimique.) **A.** *Baking powder.*

POUDRERIE n.f. *La route a été fermée à cause de la poudrerie.* (Neige fine, que le vent soulève par rafales.)

POUPOUNE n.f. *Il sort avec une poupoune.* (Fille trop maquillée, d'allure vulgaire.)

POUR prép. **1.** *Elle est allée voir un spécialiste pour les oreilles.* (Des oreilles.) **2.** *Pour moi il ne viendra pas.* (Selon moi, d'après moi.) **A.** Calque de l'anglais *as for me.*

POURVOIRIE n.f. *Je vais appeler à la pourvoirie pour notre expédition de pêche.* (Établissement qui offre des services aux chasseurs et aux pêcheurs.)

POUSSER v. *Pousse, mais pousse égal !* (N'abuse pas de ma tolérance ou de ma générosité.)

POUTINE n.f. *Veux-tu goûter à la poutine ?* (Mets composé d'un généreux mélange de frites, de sauce et de fromage en pièces.) **R.** Déformation de *pudding.*

POUVOIR (SE) v. pron. impers. **1.** *Ça s'peut-tu cette histoire-là ?* (Est-ce possible ?) **2.** *Ça s'peut pas comme c'est bon.* (C'est incroyable.)

POW-WOW n.m. *Il veut organiser un gros pow-wow.* (Fête.) **R.** Mot amérindien.

POWER-BRAKE (se prononce «pâoueur-brêike») n.m. *Je ferai ajouter les **power-brakes** à ma prochaine auto. C'est plus sécuritaire.* (Freins assistés.) **A.** Mot anglais.

POWER-STEERING (se prononce «pâoueur-stérigne») n.m. *Avec cette voiture, tu es certain d'avoir un bon **power-steering***. (Direction assistée.) **A.** Mot anglais.

PRATIQUE 1. n.f. *Les acteurs [ou les joueurs] sont invités à la **pratique**, à 5 heures.* (Répétition, entraînement.) **A.** *Practice*. **2.** adj. *Je pourrais apporter la tente, **à toutes fins pratiques***. (À toutes fins utiles.) **A.** *For all practical purposes*.

PRATIQUER v. *Nous avons longtemps **pratiqué** cette scène.* (Répéter, s'entraîner, dans un art ou dans un sport.) **R.** Le sens de ce mot est plus large au Québec qu'ailleurs dans la francophonie, en raison de l'influence de l'anglais.

PRÉADRESSÉ, E adj. *Remplissez le questionnaire et retournez l'**enveloppe préadressée**.* (Enveloppe-réponse.)

PRÉLART n.m. *Ils ont acheté un **prélart** bleu avec des fleurs roses.* (Linoléum.)

PRENDRE v. **1.** *Ça prend beaucoup d'outils pour bâtir une maison.* (Il faut.) **2.** *Samedi, j'ai **pris** un bon film à la télé.* **R.** On dit souvent au Québec «*prendre* une émission» alors que les autres francophones disent «*voir*». **3.** *Il faut **prendre pour acquis** son engagement dans l'équipe.* (Tenir pour acquis.) **4.** *Je l'ai invité à **prendre une bouchée**.* (Manger un peu, prendre un repas léger.) **5.** *Je **prends un cours** de biologie.* (Être inscrit à un cours, suivre un cours.) **6.** *Il a **pris le crachoir** toute la soirée.* (Tenir le crachoir, monopoliser la parole.) **A.** La plupart de ces tournures avec le verbe «prendre» ont été influencées par des expressions semblables en anglais avec le verbe *to take*. D'autres expressions courantes calquées de l'anglais doivent être signalées : ***prendre action*** (passer à l'action), ***prendre des chances***

(courir ou prendre des risques), ***prendre force*** (entrer en vigueur), ***prendre la part*** *de quelqu'un* (prendre la défense), ***prendre le vote*** [*de grève*] (procéder au vote), ***prendre offense*** *d'une remarque* (se formaliser, se froisser), ***prendre par surprise*** (surprendre, prendre au dépourvu), ***prendre une action*** [*ou des procédures*] *contre quelqu'un* (actionner quelqu'un, engager une procédure contre), ***prendre une assurance*** (contracter une assurance), ***prendre une marche*** (faire une promenade).

PRÉREQUIS n.m. et adj. *Il lui manque deux [cours]* ***prérequis*** *pour entreprendre sa formation en droit.* (Préalable.) **A.** *Prerequisite.*

PRESCRIPTION n.f. *Je suis allé à la pharmacie avec la* ***prescription*** *du médecin.* (Ordonnance.) **A.** Anglic. dans ce sens.

PRÉSENTEMENT adv. *Je suis très occupé* ***présentement***. (Mot très employé au Québec alors qu'en Europe on lui préfère : en ce moment, maintenant, actuellement.)

PRETZEL n.f. ou m. **A.** Les Québécois disent ***pretzel***, comme dans les pays de langue anglaise, plutôt que «bretzel», mot utilisé dans les pays francophones.

PRIME adj. *J'ai une auto sport qui est très* ***prime***. (Rapide, prompt.) * Se prononce parfois «préme».

PRIMER (se prononce «praill'meur») n.m. *Il est essentiel de mettre une couche de* ***primer*** *avant la peinture.* (Apprêt.) **A.** Mot anglais.

PRIORISER v. *Il faut* ***prioriser*** *le marché mexicain.* (Donner priorité à.)

PRIVÉ, E adj. *Elle veut des cours* ***privés*** *de guitare.* (Particulier.) **A.** *Private.* Anglic. dans ce sens.

PRIX n.m. *Il n'a pas voulu me montrer le* ***prix de liste*** *de ce fauteuil.* (Prix de catalogue.) **A.** *List price.*

PROCHE prép. ***J'ai passé proche de le faire.*** (J'ai failli le faire, je l'ai presque fait.) **V.** Vieux français.

PROGRAMME n.m. *J'écoute tous les jours votre **programme**.* (Émission.) **A.** *Program.* Anglic. dans ce sens. **R.** Dans les pays francophones, le « programme », c'est l'ensemble des émissions.

PROMETTRE v. *Je vous **promets** que c'est vrai.* (En France, on dira plutôt : Je vous assure, je vous jure.)

PROSPECT n.m. *Il croit avoir un bon **prospect** pour ses appareils ménagers.* (Client potentiel.) **A.** Mot anglais.

PROTECTEUR n.m. *Il a fait parvenir une plainte au **protecteur du citoyen**.* (Ombudsman, médiateur.)

PUCK (se prononce « pok ») n.f. ou m. **1.** *Les joueurs de hockey se disputent la **puck**.* (Palet de caoutchouc.) **2.** ***La puck ne roule pas** pour nous cette semaine.* (Ça ne va pas très bien.) **3.** ***Niaise pas avec la puck !*** (Cesse de tourner autour du pot !) **R.** Ces expressions proviennent du hockey, mais peuvent s'appliquer à d'autres situations. **A.** Mot anglais.

PUDDING CHÔMEUR n.m. *Nous aurons du **pudding chômeur** [ou **pudding chaumière**] pour dessert.* (Pâte à gâteau doré avec sauce au caramel.)

PUFF (se prononce « poffe ») n.f. *Elle s'est étouffée avec une **puff** de cigarette.* (Bouffée.) **A.** Mot anglais.

PULPE n.f. *Il a travaillé dans la **pulpe**, à Trois-Rivières.* (Pâte à papier.) **A.** *Pulp.* Anglic. dans ce sens.

PUNCHÉ, E adj. *Il faut mettre des mots **punchés** dans cette publicité.* (Qui ont de l'éclat, du poids.) **A.** *Punchy.*

PUNCHER v. *J'ai **punché** avec dix minutes de retard. Le patron est fâché.* (Pointer.) **A.** *To punch.*

PUSHING n.m. *Il a fallu du **pushing** pour que j'obtienne cet emploi.* (Recommandation, piston.) **A.** De *push.*

PUSH-UP n.m. *Il fait des **push-ups** pour se garder en forme.* (Pompe, traction au sol.) **A.** Mot anglais.

Quand une langue n'emprunte plus à une autre, elle se fige.

ALAIN REY
Le Robert

QUATRE PAR QUATRE n.m. *Il a vendu son **quatre par quatre** pour acheter une voiture sport.* (Quatre-quatre, quatre roues motrices.) **A.** *Four by four.*

QUE conj. **1.** *Combien que vous en voulez ?* (Combien en voulez-vous ?) **2.** *Quel âge que t'as ?* (Quel âge as-tu ?) **3.** *Plus qu'on travaille, plus qu'on est riche.* (Plus on travaille, plus on est riche.)

QUENOUILLE n.f. *Il y a de belles **quenouilles** au bord du lac.* (Sorte de roseau.) **V.** Vieux français.

QUÉTAINE n. et adj. *C'est une musique tout à fait **quétaine**.* (Facile, de mauvais goût, kitsch, ringard, tartignole.)

QUÊTEUX, EUSE n. *Dans la rue, des **quêteux** tendaient la main.* (Mendiant.)

QUILLE n.f. *Nous voulons aller jouer aux **quilles**.* (*Bowling.*) **R.** Selon les régions au Québec, on dit «jouer aux quilles» ou «jouer au *bowling*».

QUOI pron. indéf. *Tu veux savoir ? Demain, ça me tente de faire **de quoi**.* (Quelque chose.)

R

Plus nous aurons de mots dans notre langue, plus elle sera parfaite.

PIERRE DE RONSARD
au XVIᵉ siècle

RABOUDINER v. *Il m'a aidé à **raboudiner** les tuyaux.* (Rafistoler.) **V.** Vieux français.

RACK n.m. *J'ai placé sa valise sur le **rack** de l'auto.* (Porte-bagages, support.) **A.** Mot anglais.

RACOIN n.m. *J'ai cherché dans tous les **racoins** de la maison.* (Recoin.)

RAIDE **1.** adj. *Il est **fou raide** depuis qu'il a son permis de conduire.* (Dangereux, irréfléchi.) **2.** adv. *Il est parti **ben raide**.* (Rapidement, totalement.)

RAILER (se prononce «rèlé») v. *Son auto a été **railée** avec des clés.* (Érafler, rayer.)

RAISON n.f. ***Comme de raison**, il a oublié ce rendez-vous.* (Évidemment.) **V.** Vieux français.

RAMANCHEUX, EUSE n. *Il préfère confier son bras cassé à un **ramancheux**.* (Rebouteux.)

RAMASSER v. **1.** *Son neveu **ramasse** les timbres africains.* (Collectionner.) **2.** *Il s'est fait **ramasser** par des voyous.* (Attaquer, agresser.) **3.** v. pron. *J'ai roulé longtemps, pour **me ramasser** ici.* (Se retrouver.)

4. v. pron. *C'est un ado qui **ne se ramasse pas**.* (Être brouillon, en désordre.) **R.** Il est possible de voir dans les cafétérias québécoises une affiche indiquant : ***Ramassez** votre plateau s.v.p.* En Europe, on «ramasse» des choses qui sont éparpillées, ou par terre, et sur un écriteau, on verrait plutôt : *Rangez votre plateau s.v.p.*

RAMER v. *Il **rame** à contre-courant.* (Nager, naviguer.)

RANG n.m. *Il habite dans le **rang** 8.* (Chemin rural en bordure duquel sont construites les maisons dans lesquelles les habitants vivent de l'exploitation agricole ou forestière.)

RAP n.m. *Pourquoi tu me dis ça ? **Ç'a pas rap !*** (Ça n'a pas de rapport. C'est hors de propos.) * Dans le langage des jeunes.

RAPPORT n.m. **1.** *Au Québec, il faut faire deux **rapports d'impôt**, l'un au fédéral, l'autre au provincial.* (Déclaration des revenus.) **2.** *Après avoir tété, le bébé fait des **rapports**.* (Rot.)

RAPPORTER (SE) v. pron. *Il faut **vous rapporter** à M. Tremblay pour obtenir la signature officielle.* (Se présenter.) **A.** *To report oneself.*

RAQUÉ, E adj. *Elle était trop **raquée** pour sortir en ville.* (Fatigué, épuisé.) **A.** *Racked.* Dans un sens différent.

RAS (AU) loc. prép. *L'aiguille est tombée **au ras** [ou **à ras**] la table.* (Près de.)

RASE-BOL n.m. *C'est la mode d'avoir un **rase-bol**.* (Cheveux coupés en brosse.)

RATOUREUX, EUSE n. et adj. *C'est un **ratoureux**. Il a plus d'un tour dans son sac.* (Rusé, fin renard.)

RATTRAPABLE adj. *Il va sûrement arriver premier. Il est pas **rattrapable**.* (Susceptible d'être rattrapé.)

RAVAGE n.m. *Il y a un **ravage** de chevreuils dans les environs.* (Lieu de rassemblement des cerfs ou des élans.)

REBONDIR v. *Son chèque a* **rebondi**. (Revenir, en parlant d'un chèque sans provision ou «chèque en bois».)

RECEVANT, ANTE adj. *Ce sont des gens très* **recevants**. (Accueillant.)

RECHERCHISTE n. *La station de radio a embauché une* **recherchiste** *pour préparer le dossier.* (Personne qui fait des recherches, dans le domaine des communications.)

RÉCIPIENDAIRE n. *Le* **récipiendaire** *du prix est M. Laliberté.* (Lauréat.)

RECONDITIONNER v. *Ce moteur a été* **reconditionné**. (Remettre en état.) **A.** *Reconditioned.*

REDNECK n. *Ce fermier est un* **redneck** *qui ne connaît rien de notre situation.* (Paysan, «bouseux».) **A.** Mot anglais. Surnom donné à certains Canadiens anglais très conservateurs.

RÉFÉRER v. *Je vais vous* **référer au** *docteur Boucher, pour votre opération.* (Envoyer à, diriger vers.) **A.** *To refer to.*

REGARDER v. *Ça* **regarde bien** *[ou* **mal***] pour demain.* (Ça s'annonce bien [ou mal].) **A.** *It looks good [or bad].*

REGISTRAIRE n. *Je dois passer par le bureau du* **registraire** *pour annuler ce cours.* (Personne chargée de la gestion des dossiers des étudiants dans les universités.)

RÉGULIER adj. *Son prix* **régulier** *est de 12,95 $.* (Courant.) **A.** *Regular.* Anglic. dans ce sens.

REJET n. et adj. *Lui, il fait plutôt* **rejet**. (Démodé, rejeté.) * Dans le langage des jeunes.

REJOINDRE v. *As-tu réussi à* **rejoindre** *ton frère ?* (Joindre.)

RELATIONNISTE n. *La compagnie a embauché une* **relationniste** *pour ce travail délicat.* (Spécialiste des relations publiques.)

RELAXER v. *Je relaxe un peu pendant que les enfants sont à la garderie.* (Se relaxer).

RELOCALISER v. *Plusieurs familles ont été relocalisées quand ce parc a été aménagé.* (Déménager, placer ailleurs.)

REMBOURREUR, EUSE n. *Mon fauteuil est chez le rembourreur.* (Tapissier, artisan qui recouvre meubles et chaises.)

REMORQUEUSE n.f. *Ma voiture est en panne. Je dois faire venir la remorqueuse.* (Dépanneuse.)

RENCONTRER v. **1.** *Elle a toujours rencontré ses obligations.* (S'acquitter de.) **2.** *Votre produit rencontre nos exigences.* (Satisfaire à.) **3.** *Notre compagnie a rencontré des dépenses imprévues.* (Faire face à.) **A.** *To meet.* Calque de l'anglais dans ces sens.

RENDU, E adj. *Je suis rendu à Québec depuis trois jours.* (Qui est arrivé à.)

RENVERSER v. *Finalement, le jugement a été renversé.* (Casser, infirmer.) **A.** *To reverse.*

RENVOYER v. *Tout de suite, j'ai renvoyé la lettre à la compagnie.* (Aussi courant que «retourner».)

RÉOUVRIR v. *Il a l'intention de réouvrir son commerce l'été prochain.* (Rouvrir.)

RÉPÉTER v. *Il va répéter son année s'il continue à être aussi distrait.* (Redoubler.) **R.** Dans certaines régions.

RÉQUISITION n.f. *Elle n'a pas présenté la bonne réquisition pour obtenir un ordinateur.* (Demande d'achat.) **A.** *Requisition.* Anglic. dans ce sens.

RESCAPER v. *La garde côtière a réussi à rescaper deux survivants.* (Sauver.) **R.** Le nom et l'adjectif «rescapé» existent en français conventionnel, mais pas le verbe.

RÉSIDANT, E n. *Les résidants se sont plaints du tapage.* (Habitant.)

RÉSIDENT, E n. *C'est un résident qui le remplace à l'urgence.* (Interne, étudiant en médecine, en cours de spécialisation.)

RESPIR n.m. *Prends un grand respir et vas-y, plonge.* (Inspiration.) **V.** Vieux français.

RESPIRER v. *Énerve-toi pas avec ça. Respire par le nez.* (Se calmer, parler moins vite.)

RESTABLE adj. *On s'en va d'ici, c'est pas restable.* (Vivable.)

RESTER v. **1.** *Je reste à Montréal, et toi?* (Habiter.) **V.** Vieux français. **2.** *Restez en ligne, je vous le passe tout de suite.* (Ne quittez pas, un moment s.v.p.)

RESTITUER v. *Il a restitué avant d'aller à l'hôpital.* (Vomir, rendre.) **V.** Vieux français.

RETOURNER v. *Elle n'a pas voulu retourner votre appel.* (Rappeler.) **A.** *To return a call.*

RETRACER v. *Il est parti vers le sud et on l'a jamais retracé.* (Retrouver.)

RETRAITER v. *On serait mieux de retraiter pendant qu'il est encore temps.* (Battre en retraite.)

RÉVEL n.m. *Avez-vous des révels au frigo?* (Esquimau, glace enrobée de chocolat.) **R.** Marque de commerce.

RÊVER v. *Chéri, j'ai rêvé à toi cette nuit.* (Rêver de.) **R.** Au Québec, on peut rêver *à* une personne, alors qu'en France, on rêve *de* quelqu'un.

REVIRER v. **1.** *Il faudrait revirer de bord.* (Revenir sur ses pas, changer de direction.) **2.** v. pron. *Quand elle est passée près de lui, il s'est reviré la tête.* (Tourner.) * Se prononce souvent «arvirer».

REVOLER v. **1.** *Il fendait le bois et les copeaux revolaient d'un bord et de l'autre.* (Jaillir, s'éparpiller.) **2.** *J'ai frappé sur la table et mon verre a revolé sur le mur.* (Rebondir.) * Se prononce souvent «arvoler».

RIB STEAK n.m. *Ils servent un excellent **rib steak** dans cette brasserie.* (Entrecôte.) **A.** Mots anglais.

RICANEUX, EUSE n. et adj. *Je pensais pas que t'étais aussi **ricaneux**.* (Comique, railleur.)

RIDE (se prononce « raill'd ») n.f. *Tu sais, pour la **ride** de bicycle, en fin de semaine, ça adonnera pas.* (Randonnée.) **A.** Mot anglais.

RIDEAU n.m. *Il a tendance à **grimper dans les rideaux**.* (S'énerver, s'emballer.) **R.** En France, la tournure de cette expression est plutôt « il n'y a pas de quoi grimper aux rideaux », dans le sens qu'il n'y a pas de quoi se réjouir.

RIEN pron. **1.** *Fais-toi-z-en pas avec ça. **Y'a rien là !*** (Ce n'est rien.) **2.** *Il ne réussira jamais à comprendre ça. **C'est comme rien**.* (Ça ne sert à rien.)

RIPE n.f. *Peux-tu enlever la **ripe** sur le plancher ?* (Copeaux de bois.) **V.** Vieux français.

RIRE v. **1.** *D'ordinaire, il **entend à rire**.* (Avoir le sens de l'humour, bien prendre la plaisanterie.) **2.** *T'es fou **pas pour rire** !* (Énormément.)

ROBINEUX, EUSE n. *Il y a de plus en plus de **robineux** dans ce quartier.* (Clochard alcoolique.)

ROCHE n.f. *Nous allons **tirer des roches** dans l'eau.* (Lancer des cailloux.)

ROFFE adj. *Il a toujours été **roffe** avec le personnel.* (Brutal, rude.) **A.** Rough.

ROND n.m. *Il y a combien de **ronds** sur le poêle ?* (Éléments [de cuisinière].)

RONDELLE n.f. *Il lance la **rondelle** dans le but.* (Disque de caoutchouc, palet, au hockey.)

ROTEUX n.m. *Il a avalé trois **roteux**.* (Hot dog.) **R.** À ne pas confondre avec « roteuse » qui, en France, signifie « bière ». * Vulg.

ROUE n.f. *Elle a conduit une heure et j'ai pris la* **roue** *pour le reste du trajet.* (Volant.) **A.** Calque de l'anglais *wheel.*

ROUGE-GORGE n.m. *Les* **rouges-gorges** *sont nombreux cette année.* (Merle d'Amérique.) **R.** Le rouge-gorge européen n'est pas le même oiseau que le « rouge-gorge » américain, qui est plus gros.

ROULEUSE n.f. *Il fume des* **rouleuses**. (Cigarette faite à la main.)

ROULOTTE n.f. **1.** *Sa famille a loué une* **roulotte** *pour faire ce voyage.* (Caravane, remorque pour le camping.) **R.** En Europe, les roulottes ne servent qu'aux Romanichels. **2.** *C'est la* **roulotte à patates** *qui fait les meilleures frites en ville.* (Restaurant mobile.) **R.** Populaire dans plusieurs villages et villes du Québec. On y sert surtout frites, hot dogs, hamburgers et poutine.

ROUSSELÉ, E adj. *Ses joues* **rousselées** *lui donnaient un air gamin.* (Couvert de taches de rousseur.)

RUBBER (se prononce « robbeur ») n.m. *Ces bottes en* **rubber** *sont parfaitement étanches.* (Caoutchouc.) **A.** Mot anglais.

RUN (se prononce « ronne ») n.f. *Il est parti faire sa* **run** *de journaux.* (Tournée de livraison.) **A.** Mot anglais.

RUNNER (se prononce « ronné ») v. **1.** *L'économie* **runne** *au ralenti.* (Tourner.) **2.** *Avant cet accrochage, mon char* **runnait** *bien.* (Rouler.) **A.** *To run.*

RUNNING GAG (se prononce « ronnigne-gag ») n.m. *Cette histoire de souris est devenue un* **running gag** *dans la classe.* (Thème de farces qui revient souvent.) **A.** Expression anglaise.

RUNNING SHOE (se prononce « ronnigne-chou ») n.m. *J'ai mis mes* **running [shoes]** *pour jouer au tennis.* (*Baskets*, tennis.) **A.** Expression anglaise. **R.** On dit aussi, dans certaines régions du Québec, des « chouclaques ».

RUSH (se prononce «roche») n.m. *Au restaurant, il y a toujours un rush à l'heure des repas.* (Ruée.) **A.** Mot anglais.

RUSHANT, E (se prononce «rochant») adj. *C'était une journée vraiment rushante.* (Énervant, stressant.) **A.** De *rushing.*

RUSHER (se prononce «roché») v. *Le jour des élections, ça rushe dans la salle de rédaction.* (Travailler sous pression.) **A.** *To rush.*

S

À côté du français « standard » de France, on voit se développer dans chaque communauté francophone des particularismes linguistiques qui font apparaître d'autres visages du français. Et chaque communauté francophone se bat pour légitimer au sein de la francophonie ses propres usages.

JEAN TABI MANGA
Yaoundé, Cameroun, *Visages du français*

SABLER v. *Il faut **sabler** le plancher avant de le vernir.* (Poncer.)

SAC n.m. *N'oublie pas de rapporter ton **sac d'école** à la maison.* (Cartable.) **R.** Au Québec, on dit *sac d'école* pour « cartable » et *cartable* pour « reliure », « classeur ».

SACOCHE n.f. *Une touriste s'est fait voler sa **sacoche**.* (Sac à main.) **R.** Se dit aussi en Belgique.

SACRAMENT juron

SACRANT, E 1. adv. *Il faut s'en aller **au plus sacrant**.* (Au plus vite.) **2.** adj. *C'est ben **sacrant** de se faire voler.* (Fâcheux.)

SACRE n.m. *Les **sacres** sortent de sa bouche comme la sève des érables au printemps.* (Blasphème, juron.)

SACRER v. **1.** *Tu vas perdre ta réputation si tu sacres tout le temps.* (Jurer, blasphémer.) **V.** Vieux français. En Belgique, on dit «tufler». **2.** *Je veux qu'on me sacre la paix.* (Ficher la paix.) **R.** On dit aussi *sacrer patience* dans le même sens. **3.** v. pron. *Elle veut venir me voir? Je m'en sacre.* (S'en moquer.) * Vulg.

SAFE (se prononce «sêife») **1.** adj. *J'ai mis des gants épais. C'est plus safe.* (Sécuritaire, sûr.) **2.** adv. *C'est toujours mieux de jouer safe dans ces occasions.* (Avec prudence.) **3.** n.m. *Les voleurs ont vidé le safe pendant la nuit.* (Coffre-fort.) **4.** n.m. *Attends, je cherche un safe dans mon tiroir.* (Condom.) **A.** Mot anglais.

SALAIRE n.m. *Tu gagnes quatre fois plus que moi! Quel salaire!* **R.** Lorsqu'un francophone d'Europe ou d'Afrique compare son salaire avec celui des Québécois, il faut, en plus de vérifier le taux de change, prendre en considération qu'au Québec on parle généralement de salaire hebdomadaire ou annuel plutôt que de revenu mensuel.

SALLE n.f. *Nous allons passer à la salle à dîner.* (Salle à manger.) **A.** *Dinning room.*

SALOPE n.f. *Tu as encore taché ta robe, petite salope!* **R.** Le mot «salope» n'a pas tellement, au Québec, le sens de «fille de mauvaise vie». Il veut plutôt désigner une fille qui a fait un mauvais coup à quelqu'un, ou bien une fille malpropre. Le féminin de «salaud», simplement.

SANCTUAIRE n.m. *Il est interdit de chasser ici. C'est un sanctuaire d'oiseaux.* (Réserve naturelle, refuge.) **A.** De *sanctuary.*

SANDWICH (se prononce «sann'ouitch'») n.f. *Veux-tu une sandwich au jambon?* (Un sandwich.) **R.** Au Québec, s'emploie surtout au féminin.

SANITAIRE adj. *Je n'ai aucune serviette sanitaire à la maison.* (Hygiénique.) **A.** *Sanitary.* Anglic. dans ce sens.

SANS-DESSEIN n. et adj. *Le sans-dessein, il a mis le feu au hangar!* (Imbécile, irréfléchi.)

SAPIN n.m. *Il ne pensait pas se faire passer un sapin.* (Se faire avoir, se faire embobiner.)

SAPRER v. *Il voulait lui saprer une taloche par la tête.* (Donner.)

SARRAU n.m. *Il faut revêtir un sarrau pour entrer dans ce laboratoire.* (Blouse blanche.)

SAUCER v. *Saucez votre morceau de pain dans le sirop d'érable, c'est délicieux.* (Tremper.) **V.** Vieux français.

SAUCETTE n.f. **1.** *Il a fait une saucette chez son frère hier.* (Brève visite.) **2.** *On a fait une saucette dans sa piscine.* (Trempette.)

SAUT n.m. *Je ne m'attendais pas à te voir. J'ai fait un saut.* (Sursauter, être surpris.)

SAUTÉ, E n. et adj. *Écoute le solo de guitare. C'est complètement sauté.* (Étonnant, inhabituel, dingue.)

SAUVER v. *Il y avait une grande vente de rabais. J'ai sauvé 50 $.* (Épargner.) **A.** *To save.* Anglic. dans ce sens.

SAVANE n.f. *Le printemps, il y a une grande savane ici.* (Terrain marécageux.)

SAVEUR n.f. *Il n'y a plus de crème glacée à la vanille. Voulez-vous une autre saveur?* (Parfum.)

SAVOIR v. *Je le sais-tu, moé, ce qu'il a fait hier soir!* (J'en ai aucune idée!)

SCAB n.m. *Il a vu arriver les scabs devant l'immeuble.* (Briseur de grève, jaune.) **A.** Mot anglais.

SCÈNER v. *As-tu fini de scèner?* (Chercher à voir, faire le curieux.)

SCIE À CHAÎNE n.f. *Les bûcherons partaient avec leurs scies à chaîne.* (Tronçonneuse, scie mécanique.) **A.** De *chainsaw*. **R.** On emploie aussi le mot anglais.

SCORE n.m. *J'ai rarement **pété de gros scores** à l'école.* (Avoir un bon résultat.)

SCORER v. *Notre équipe a **scoré** trois fois.* (Compter.) **A.** *To score.*

SCOTCH TAPE n.m. *J'ai besoin d'un bout de **scotch tape**.* (Ruban adhésif, *scotch*.) **A.** Mots anglais.

SCRAP n.f. **1.** *J'ai tout envoyé **à la scrap** [ou à la **cour à scrap**].* (À la ferraille.) **2.** *Ton vélo, **c'est de la scrap**.* (Ça ne vaut pas un rond.) **A.** Mot anglais.

1. SCRAPER (se prononce « scrêipeur ») n.m. *J'ai trouvé le pinceau, mais pas le **scraper**.* (Grattoir.) **A.** *Scraper.*

2. SCRAPER v. *J'ai **scrapé** mes chances d'y arriver.* (Anéantir, détruire.) **A.** *To scrap.*

SCRATCHER v. *J'ai **scratché** mon disque.* (Érafler.) **A.** *To scratch.*

SCREEN n.m. *Les moustiques entrent par une fente dans le **screen**.* (Moustiquaire.) **A.** Mot anglais.

SEALER (se prononce « silé ») v. *Tu devrais **sealer** les fenêtres avant l'hiver.* (Sceller, rendre étanche.) **A.** *To seal.*

SÉCHEUSE n.f. *Le linge sort de la **sécheuse**.* (Sèche-linge, séchoir.)

SÉCHOIR n.m. *J'ai besoin du **séchoir** pour cinq minutes.* (Sèche-cheveux.)

SECONDER v. *Est-ce que quelqu'un veut **seconder** cette proposition?* (Appuyer.) **A.** *To second.*

SECOUSSE n.f. *Ça fait une **secousse** qu'on s'est pas vus.* (Bout de temps.) **V.** Vieux français. On peut aussi entendre « escousse ».

SÉCURE adj. **1.** *On se sent sécure ici.* (En sûreté.) **2.** *C'est la méthode la plus sécure.* (Sûr.) **A.** *Secure.*

SÉCURITAIRE adj. *Cette voiture n'est pas sécuritaire.* (Fiable.)

SENS n.m. **1.** *On peut pas y aller sous la pluie. Ç'a pas de [maudit] bon sens !* (C'est ridicule !) **2.** *Il s'est donné sans bon sens pour cette cause.* (D'une manière insensée, excessivement.)

SENTEUX, EUSE n. et adj. *Mon voisin est un vrai senteux.* (Curieux, indiscret.)

SÉPARATISTE n. et adj. *À cause des séparatistes, la situation est tendue.* **R.** Nom donné péjorativement à ceux qui souhaitent que le Québec « se sépare » du Canada. Ceux qui sont en faveur de ce changement politique préfèrent se désigner comme « indépendantistes » ou « souverainistes ».

SÉRAPHIN n.m. *Arrête de faire ton Séraphin.* (Avare.) **R.** D'après le nom d'un personnage de roman, *Un homme et son péché* (1933), de Claude-Henri Grignon. L'avare Séraphin Poudrier que dépeint l'auteur est devenu célèbre grâce à la radio et à la télévision pour lesquelles le roman fut adapté (*Les belles histoires des pays d'en haut*).

SERRER v. *Je vais t'aider à serrer tes vêtements.* (Aussi courant que « ranger ».) **V.** Vieux français. Se dit encore en Bretagne.

SERVIR v. *Le juge lui a servi un avertissement.* (Donner.) **A.** *To serve.* Anglic. dans ce sens.

SET n.m. *Il a acheté un set de vaisselle et un set de salon.* (Ensemble, mobilier.) **A.** Mot anglais.

SHACK n.m. *J'ai un petit shack dans le bois.* (Cabane, dans la forêt.) **A.** Mot anglais.

SHAFT n.m. *Il a un problème avec le shaft de l'auto.* (Tige, arbre, axe.) **A.** Mot anglais.

SHAKER (se prononce «chêiké») v. *J'ai eu peur. Je* **shake** *encore.* (Trembler.) **A.** *To shake.*

SHAPE (se prononce «chêipe») n.f. **1.** *Je suis plus en* **shape** *depuis que je joue au badminton.* (En forme.) **2.** *Ce meuble a une belle* **shape.** (Forme.) **A.** *Shape.*

SHAPÉ, E adj. (se prononce «chêipé») *Il est* **shapé** *pas pour rire.* (Musclé.) **A.** De *shaped.*

SHED n.f. *Ses outils sont dans la* **shed.** (Hangar.) **A.** Mot anglais.

SHIFTER v. *Il est important de savoir* **shifter** *dans les tournants.* (Changer de vitesse.) **A.** *To shift.*

SHINER (se prononce «chaill'né») v. *Tu devrais* **shiner** *tes souliers avant d'aller à ce rendez-vous.* (Cirer, faire reluire.) **A.** *To shine.*

SHIPPER v. *La compagnie m'a* **shippé** *des documents importants.* (Expédier.) **A.** *To ship.* **R.** Ne pas confondre avec «chiper», qui a le sens de «voler» et qui est français.

SHIRER v. *Mon auto a* **shiré** *dans le tournant.* (Glisser, faire une embardée.) **A.** *To sheer.*

SHIT n.f. **1.** *C'est de la shit!* (Ça ne vaut rien.) **2.** *J'ai perdu.* **Shit!** (Merde alors!) **A.** Mot anglais. * Vulg.

SHOCK n.m. *Cette voiture a de bons* **shocks.** (Amortisseur.) **A.** Mot anglais. * Se prononce souvent «tchoc» même si en anglais on prononce «choc».

SHOE CLAQUE n.m. ou f. Voir *chouclaque.*

SHOOTER v. **1.** *Allez,* **shoote,** *attends pas à demain.* (Dire la vérité.) **2.** *Il a* **shooté** *vers le filet, mais a raté son coup.* (Lancer, au hockey.) **A.** *To shoot.*

SHOP n.m. ou f. *Ça va mal à [la] shop depuis un mois.* (Il y a des problèmes.) **A.** Mot anglais.

SHORT adj. **1.** *Ses achats de vacances ont coûté cher.* **Il est arrivé short.** (Il a manqué d'argent.) **2.** *Je vais* *te préparer un bel emballage, **short and sweet**.* (Vite fait bien fait.) **A.** Mot anglais.

SHOT n.f. **1.** *J'ai pris juste une **shot** de gin.* (Gorgée, à même la bouteille.) **2.** *J'ai avalé ma bière **tout d'une shot**.* (D'un seul coup, en une seule fois.) **3.** ***Sais-tu la shot?*** (Connais-tu l'histoire?) **A.** Mot anglais.

SIAU n.m. **1.** *Aporte-moi un **siau** d'eau chaude.* (Seau.) **2.** loc. adv. *Il pleut [ou il mouille] **à siaux**.* (À seaux, à verse.) **V.** Vieux français.

SIDELINE (se prononce «saïdlaïne») n.m. *Je me suis trouvé un **sideline** par les soirs.* (Emploi d'appoint.) **A.** Mot anglais.

SIFFLEUX n.m. *Les **siffleux** font des trous dans le champ.* (Marmotte.)

SIGNALER v. *Avez-vous **signalé** le bon numéro de téléphone?* (Composer.)

SILER v. *Le chien **silait** devant la porte.* (Gémir, émettre un murmure plaintif.)

SIMONAQUE ou **CIMONAC** juron.

SIMPLE adj. *Ton discours sur l'école d'aujourd'hui, je trouve que **ça fait simple**.* (C'est rudimentaire, insuffisant.) **R.** Expression originaire du Saguenay.

SINK n.m. *Il y a une montagne de vaisselle dans le **sink**.* (Évier.) **A.** Mot anglais. * Se prononce souvent «signe».

SKIDOO n.m. Voir ***motoneige***.

SLACK 1. n.m. *Elle préfère vivre avec un grand **slack** plutôt qu'avec un gros patapouf.* (Efflanqué.) **2.** n.m. *Je lui ai donné beaucoup de **slack** depuis qu'il est adolescent.* (Latitude, liberté.) **3.** adj. *Tu peux serrer la corde. C'est **slack** autour de son cou.* (Relâché, détendu.) **A.** Mot anglais.

SLACKER v. **1.** *Il a été **slacké** pour deux semaines.* (Mettre à pied.) **2.** ***Slacke** ta cravate et respire par le nez!* (Desserrer.) **A.** *To slacken.*

SLAM n.m. *C'est frappant de nos jours de voir les jeunes danser le **slam**.* (Danse où les corps se heurtent sans retenue les uns aux autres.) **A.** Mot anglais.

SLANG n.m. *Ils parlent un drôle de **slang**.* (Argot.) **A.** Mot anglais.

SLEEPING-BAG n.m. *Je vais dormir dans un **sleeping-bag**.* (Sac de couchage.) **A.** Mot anglais.

SLIDE (se prononce «slaïde») n.f. *Elle veut présenter des **slides** sur son voyage en Floride.* (Diapositive.) **A.** Mot anglais.

SLIM adj. *Elle a entrepris un régime pour devenir **slim**.* (Mince.) **A.** Mot anglais.

SLOT n.f. *Mets ton argent dans **slot** de la machine.* (Fente, encoche.) **A.** Mot anglais.

SLOW adj. *J'ai rarement vu quelqu'un d'aussi **slow**.* (Lent, lambin.) **A.** Mot anglais.

SLUSH (se prononce «sloche») n.f. **1.** *En avril, il y a de la **slush** sur le trottoir.* (Neige fondante.) **2.** *J'ai soif. Je vais prendre de la **slush**.* (Boisson fruitée avec glace pilée.) **A.** Mot anglais.

SLY (se prononce «slaille») n.f. *Les bandits passent des cigarettes **sur la sly**.* (En contrebande, en douce, en cachette.) **A.** *On the sly.*

SMALL n. et adj. *J'ai enfin trouvé un chandail **small**.* (De petite taille.) **A.** Mot anglais.

SMATTE n. et adj. **1.** *C'est un type charmant, ben **smatte**.* **R.** Dans certaines régions du Québec, le mot signifie: intelligent, rapide d'esprit, comme en anglais. Dans d'autres régions, il a pris le sens de gentil, d'agréable compagnie ou de petit malin. **2.** *Tout le monde t'a vu. **Arrête de faire le smatte**.* (Cesse d'amuser la galerie, de faire ton intéressant.) **A.** *Smart.*

SMILE (se prononce «smaïle») n.m. *Elle a un **smile** irrésistible.* (Sourire.) **A.** Mot anglais.

SMOKED MEAT (se prononce «smauqu'mitte») n.m. *Il prépare un bon smoked meat.* (Sandwich au bœuf fumé.) **A.** Mot anglais.

SNACK n.m. *On s'est payé tout un snack en arrivant!* (Goûter, collation.) **A.** Mot anglais.

SNAP n.m. **1.** *J'ai posé un snap sur son veston.* (Bouton-pression.) **A.** *Snap.* **2.** *Il a un bon snap, mais il ne s'en sert pas assez.* (Lancer frappé, au hockey.) **A.** De *snapshot.*

SNIKER ou **SNIQUER** v. *Il venait ici juste pour sniker.* (Sentir, voir ce qui se passe.) **A.** *To sneak.*

SNOREAU n.m. *C'est un vieux snoreau qui ne pense qu'à jouer des tours.* (Homme malicieux, rusé.)

SOCKET n.m. *Elle va réparer le socket de sa lampe de chevet.* (Douille.) **A.** Mot anglais.

SODA n.m. **1.** *Elle a toujours du soda à pâte dans sa cuisine.* (Bicarbonate de soude.) **2.** *Veux-tu des biscuits soda avec ta soupe?* (Sorte de craquelin.)

SOIGNABLE adj. *J'espère que c'est soignable, cette blessure.* (Possible à soigner.)

SOIN n.m. *Elle lui fait encore confiance. Il n'y a pas de soin.* (Pas de crainte.)

SOLAGE n.m. *Le solage de l'édifice est assez solide pour qu'on ajoute un étage.* (Fondations.) **V.** Vieux français.

SON n.m. *Elle a changé son système de son.* (Chaîne stéréo.) **A.** *Stereo system.* **R.** Les «colonnes de son» ou «caisses de son» désignent les enceintes acoustiques ou baffles.

SONGÉ, E adj. *Tu as pensé à ça tout seul? C'est songé!* (Brillant, réfléchi.) **R.** Ironique.

SORTEUX, EUSE adj. *Vous reviendrez nous voir. On n'est pas sorteux.* (On ne sort pas beaucoup.)

SOU n.m. *C'est comme changer quatre trente sous pour une piastre.* (Du pareil au même.)

R. Curieusement, un «trente sous» équivaut à une pièce de vingt-cinq cents. Et il faut quatre de ces pièces pour faire un dollar (piastre)... Notez que la pièce de «trente sous» existait réellement en France au XVIIIe siècle et valait 1,5 franc ancien.

SOUFFLER v. *J'ai fait **souffler** les pneus avant le voyage.* (Gonfler.)

SOUFFLEUSE n.f. *Attends que la **souffleuse** passe avant de sortir.* (Chasse-neige muni d'un dispositif qui projette la neige à distance.)

SOULIER n.m. *Je cherche un magasin de **souliers** près d'ici.* **R.** Les Européens diront davantage «chaussure», car le mot «soulier» tend à tomber en désuétude.

SOÛLON, ONNE n. et adj. *Il va devenir **soûlon** s'il continue à boire!* (Ivrogne, soulaud.)

SOUPER n.m. *Nous irons au cinéma après **souper**.* **R.** Au Québec, le souper est un repas qui se prend généralement entre 17 h 30 et 18 h 30.

SOUS prép. *Il fait 20 degrés **sous** zéro.* (Au-dessous de.)

SOUS-CONTRACTEUR n.m. *C'est un **sous-contracteur** qui inspire confiance.* (Sous-traitant.) **A.** *Subcontractor.*

SOUS-CONTRAT n.m. *Je lui ai offert un **sous-contrat**.* (Travail en sous-traitance.) **A.** *Subcontracting.*

SOUS-MARIN n.m. *Je vais prendre un **sous-marin** pour dîner.* (Sandwich de forme allongée.) **R.** Au Bénin: «amant d'une femme».

SOUS-MINISTRE n. *Le ministre nous a envoyé d'urgence sa **sous-ministre**.* (Haut fonctionnaire qui seconde le ou la ministre.) **R.** En Europe, on dit «vice-ministre».

SOUS-PLAT n.m. *C'est chaud. Passe-moi le **sous-plat**.* (Dessous-de-plat.) **R.** On dit aussi «sous-plat» en Belgique.

SOUTENANT, E adj. *Les fruits sont des aliments sou-tenants*. (Nourrissant, substantiel.)

SOUVERAINISTE n. et adj. *Les souverainistes étaient en avance dans le sondage.* **R.** Ceux qui sont en faveur de l'indépendance du Québec. Voir *séparatiste*.

SO WHAT interj. *Il peut pas venir ? So what !* (Et alors ?, ce n'est pas grave !) **A.** Mots anglais.

SPARAGE n.m. *Il fait des sparages pour se faire remarquer.* (Parade, geste de m'as-tu-vu.)

SPÉCIAL, E 1. n.m. *Nous avons du poulet comme spécial du jour*. (Plat du jour, menu du jour.) **A.** *Today's special*. **2.** n.m. *Voulez-vous consultez nos spéciaux de la semaine ?* (Solde.) **3.** n.m. *C'est le temps d'acheter. Les chandails sont en spécial*. (En solde.) **4.** adj. *Je vais vous faire un prix spécial*. (Réduit.) **A.** *Special price*. **5.** adj. *Le patron a convoqué une assemblée spéciale*. (Extraordinaire.) **6.** adj. *Nous aurons le paquet demain, par livraison spéciale*. (Exprès.) **A.** *Special delivery*.

SPINNER v. *Même avec des bons pneus, les roues spinnent sur la glace.* (Tourner.) **A.** *To spin*.

SPLIT-LEVEL n.m. *Il a acheté un split-level en banlieue.* (Maison ou appartement à deux niveaux.) **A.** Mot anglais.

SPLITTER v. *Ça coûte 12 $. On va splitter ça en deux.* (Séparer, partager.) **A.** *To split*.

SPOT n.m. *Cette boutique est un bon spot pour les articles de sport.* (Endroit.) **A.** Mot anglais.

SPOTTÉ, E adj. *Entre ces deux restaurants, notre commerce sera bien spotté.* (Situé.) **A.** *Spotted*.

SPOTTER v. *Tiens, j'ai spotté une table là-bas.* (Apercevoir, trouver.) **A.** *To spot*.

SPRAY NET (se prononce « sprénette ») n.m. *Le coiffeur a vaporisé du spray net dans ses cheveux.* (Laque.) **A.** Expression anglaise.

SPRING n.m. *Les trous dans la rue endommagent les* **springs** *de l'auto.* (Ressort.) **A.** Mot anglais.

SQUEEZER v. *Les policiers pensent le* **squeezer** *dans les prochains jours.* (Coincer.) **A.** To squeeze.

STAGE (se prononce « stéidge ») n.m. *Aussitôt qu'elle est montée sur le* **stage**, *les spectateurs ont hurlé de joie.* (Scène.) **A.** Ce mot a été emprunté par l'anglais au vieux français « estage », a laissé en français moderne « stage » d'étude et « étage ».

STAINLESS n.m. *Ça ne rouille pas, c'est en* **stainless**. (Acier inoxydable.) **A.** Stainless steel.

STALLER (se prononce « stâlé ») v. *Mon moteur a* **stallé** *au coin de la rue.* (Caler, étouffer.) **A.** To stall.

STARTER v. *J'arrivais pas à* **starter** *l'auto.* (Démarrer.) **A.** To start.

STATION n.f. *Il arrive par train. On ira le chercher à la* **station**. (Gare.) **A.** Anglic. dans ce sens.

STEADY adv. *Il sort* **steady** *avec elle.* (Régulièrement.) **A.** Mot anglais.

STEAK n.m. *Peu importe ce qui arrive, il reste ben* **assis sur son steak**. (Insensible, indifférent.)

STEERING n.m. *Il y a des vibrations dans le* **steering**. (Volant.) **A.** Mot anglais.

STEPPETTE n.f. *Pour l'obtenir, il est prêt à faire toutes les* **steppettes** *que vous voudrez.* (Petit saut, pas de danse, courbettes, simagrées.) **A.** De step.

STICKÉ, E adj. *Il est* **stické après** *elle.* (Collé à, attaché à.) **A.** Sticky.

STICKER (se prononce « stikeur ») n.m. *J'ai acheté des feuilles de* **stickers** *pour envoyer de l'information à nos clients.* (Collant, pour inscrire les adresses sur des enveloppes.) **A.** Mot anglais.

STIFF adj. *Son petit côté* **stiff** *me tape sur les nerfs.* (Raide, inflexible.) **A.** Mot anglais.

STI-LÀ pron. dém. *Est-ce que je peux avoir sti-là?* (Déformation de «celui-là».)

STOOL n. *Il y a sûrement un stool dans les environs.* (Espion, mouchard, donneur.) **A.** *Stoolie.*

STOOLER v. *Le vendeur de drogue s'est fait stooler par ses voisins.* (Dénoncer.) **A.** *To stool.*

STRAIGHT (se prononce «strêite») adj. *Quand je l'ai connu, c'était un gars straight.* (Conformiste, peu extravagant.) **A.** Mot anglais.

STRAPPE n.f. *Fais attention de te prendre les doigts dans la strappe.* (Courroie.) **A.** *Strap.*

STUD n.m. **1.** *Le garagiste a ajouté deux studs de roue neufs.* (Goujon, cheville de métal.) **2.** *Ce type-là est un vrai stud.* (Étalon, coureur de jupons.) **A.** Mot anglais.

STUFF n.m. *J'ai trouvé un bon stuff pour enlever les taches.* (Produit.) **A.** Mot anglais.

STYROFOAM n.m. *Le styrofoam aide à protéger les objets fragiles.* (Polystyrène.) **A.** Mot anglais.

SUBVENTIONNAIRE adj. *Peux-tu me donner la liste des organismes subventionnaires?* (Organisme sponsor.)

SUCE n.f. *Le bébé pleure encore. Donne-lui sa suce.* (Tétine.) **V.** Vieux français.

SUCETTE n.f. *Elle avait des sucettes dans le cou.* (Suçon, marque laissée sur la peau par des baisers.)

SUÇON n.m. *Les enfants savouraient leurs suçons en toute candeur.* (Sucette.) **R.** Au Québec, «suçon» et «sucette» ont interchangé leurs sens respectifs...

SUCRAGE n.m. *Les enfants, pas trop de sucrage avant souper!* (Sucrerie.)

SUCRE n.m. **1.** *Il prépare un grand plat de sucre à [la] crème.* (Friandise préparée avec du sirop d'érable ou de la cassonade et de la crème.) **2.** *Il mettait beaucoup* *de* **sucre brun** *sur ses fraises.* (Sucre roux, casso-nade.) **A.** *Brown sugar.* **3.** *Au printemps, j'achète toujours du* **sucre du pays***.* (Sucre d'érable.) **R.** Notons aussi les expressions *partie de sucre* (fête à la cabane à sucre) et *faire les sucres* (récolter la sève des érables au printemps).

SUER v. *Ça me fait suer cette affaire-là.* (Ça m'énerve.)

SUISSE n.m. *Les petits* **suisses** *viennent manger dans sa main.* (Tamia rayé.) **R.** Rien à voir avec les Helvètes.

SUIT (se prononce « soute ») n.m. parfois f. *Il a enfilé son* **suit** *de ski.* (Combinaison, ensemble.) **A.** Mot anglais.

SUIVEUX, EUSE n. *J'ai peu d'estime pour les* **suiveux** *de son espèce.* (Suiveur.)

SUPPLANTATION n.f. *Les jeunes employés de l'hôpital sont inquiets à cause de la* **supplantation** *du person-nel.* (*Bumping.*) **R.** Dans les milieux de travail, principe qui veut qu'en cas de réduction du personnel, les employés ayant plus d'ancienneté dans l'entreprise ou dans l'organisation prennent les postes des employés qui ont moins d'années de service.

SUPPORT n.m. **1.** *Avez-vous besoin d'un* **support** *pour votre paletot ?* (Cintre.) **2.** *Il lui a apporté un bon* **support** *moral durant sa maladie.* (Soutien.) **A.** Anglic. dans ce sens.

SUPPORTER v. *Nous allons* **supporter** *votre candidat à l'élection.* (Soutenir, appuyer.) **A.** *To support.* Anglic. dans ce sens.

SUPPOSÉ, E adj. *J'étais* **supposé** *y aller, mais j'ai eu un contretemps.* (Censé.) **A.** *To be supposed to.* Anglic. dans ce sens.

SUPPOSÉMENT adv. *Il était* **supposément** *l'auteur de cette mésaventure.* (Soi-disant, prétendument.) **A.** *Supposedly.*

SUR prép. **1.** *Il a été nommé **sur le conseil** d'administration.* (Au conseil.) **A.** *On.* **2.** *Elle est allée **su'** sa grand-mère.* (Chez.)

SURPRENDRE v. *Tu penses qu'il va venir ? **Ça m'sur-prendrait !*** (En France, on dira plutôt : *Ça m'étonnerait !*)

SURTEMPS n.m. *J'ai fait deux **heures de surtemps** samedi.* (Heure supplémentaire.)

SWIGNER v. *Il ventait fort et les arbres **swignaient** d'un bord et de l'autre.* (Se balancer.) **A.** *To swing.*

SWITCH n.f. *Allume la **switch** pour qu'on voie quelque chose.* (Interrupteur.) **A.** Mot anglais.

SWITCHER v. *Il a déjà étudié en chimie, mais il a **switché** pour l'informatique.* (Changer.) **A.** *To switch.*

SYLLABUS n.m. *Le professeur a modifié le **syllabus**.* (Plan de cours, programme.) **R.** Mot d'origine latine, emprunté à l'anglais dans ce sens. Se dit aussi en Belgique dans le même sens.

SYSTÈME DE SON n.m. Voir *son*.

T

Dans les langues voisines [du français], les usagers fabriquent des mots à volonté sans que personne y trouve à redire, à condition qu'ils se fassent comprendre. Le Français au contraire ne considère pas sa langue comme un instrument malléable, mis à sa disposition pour s'exprimer et pour communiquer. Il la regarde comme une institution immuable, corsetée dans ses traditions et quasiment intouchable. Nous avons en effet été trop bien dressés à n'admettre un mot que s'il figure déjà dans le dictionnaire.

HENRIETTE WALTER
Le français dans tous les sens

TABAC n.m. *On peut lui faire confiance. Elle **connaît le tabac**.* (Avoir de l'expérience, s'y connaître.)

TABAGIE n.f. *Il y a une **tabagie** au coin de la rue.* (Bureau de tabac et de journaux.)

TABARNACOS n.m.pl. *Il paraît qu'on nous appelle «**los tabarnacos**».* **R.** Nom donné aux Québécois qui fréquentent les plages du Mexique, en raison, semble-t-il, de leur usage répété du mot «tabarnak»...

TABARNAK ou **TABARNAC** juron

TABLETTE n.f. **1.** *La journaliste avait une **tablette** et un crayon dans les mains.* (Bloc-notes.) **2.** *Une bière **tablette**, s'il vous plaît.* (Chambrée, à la température de la pièce.) **3.** *Son rapport a été mis **sur la tablette** dès sa sortie.* (À l'écart, hors circuit.)

TABLETTÉ, E n. *C'est dans ce ministère que l'on retrouve le plus grand nombre de **tablettés**.* (Employé écarté de ses fonctions, mis sur une voie de garage.)

TABLETTER v. *Le projet a été **tabletté** jusqu'à nouvel ordre.* (Mettre de côté.)

TAG 1. n.m. *C'est un beau manteau, mais regarde le prix sur le **tag**.* (Étiquette.) **2.** n.f. *Les enfants jouaient à [la] **tag**.* (Jouer à chat.) **A.** Mot anglais.

TALLE n.f. **1.** *Il a mis le pied dans une **talle** de fleurs.* (Touffe, gerbe.) **2.** *Viens pas jouer **dans ma talle**.* (Dans mon domaine, dans mes affaires.) **V.** Vieux français.

TANK (se prononce «tinque») n.f. *La **tank** à eau chaude est défectueuse.* (Réservoir.) **A.** *Tank.*

TANKER (se prononce «tinké») v. **1.** *Je dois aller **tanker** avant longtemps.* (Faire le plein de l'auto.) **2.** *Ils ont **tanké fort** hier soir.* (Boire beaucoup.) **A.** *To tank up.*

TANNANT, E n. et adj. *C'est un petit **tannant**. Il revient toujours là-dessus.* (Raseur, agaçant.) **V.** Vieux français.

TANNÉ, E adj. *Il est **tanné** de passer en dernier.* (Agacé, excédé.) **V.** Vieux français.

TANTÔT adv. *Il est venu te voir **tantôt**, mais tu n'étais pas là.* (Il y a peu de temps.) — *J'irai le voir **tantôt**.* (Dans peu de temps.) **R.** En France, ces deux sens existent encore dans certaines régions, mais le mot veut avant tout dire «dans l'après-midi».

TANT QU'À loc. adv. ***Tant qu'à moi**, je ne viendrai pas demain.* (Quant à moi.) **R.** L'expression «tant qu'à faire» est cependant conventionnelle en français.

TAPE (se prononce «téip») n.m. *Il a mis du **tape** autour du fil.* (Ruban adhésif, *chatterton*.)

TAPER (se prononce «tépé») v. **1.** *J'ai envie de **taper** cette chanson.* (Enregistrer.) **2.** *La police n'a jamais réussi à les **taper**.* (Mettre sur écoute.) **3.** *Je vais **taper** mon bâton de hockey.* (Mettre du ruban adhésif autour de.) **A.** *To tape.*

TAPIS n.m. *Il a recouvert son plancher d'un **tapis mur à mur**.* (Expression plus usitée que «moquette».) **A.** *Wall-to-wall carpet.*

TAPOCHER v. *Les voleurs l'ont **tapoché** un peu.* (Bousculer, tapoter.)

TAPON n.m. *Il avait un gros **tapon** de linge à laver.* (Tas.) **R.** Dans l'est du Québec.

TAPONNAGE n.m. *Arrêtez le **taponnage** et passez à l'action.* (Hésitation, tâtonnement.)

TAPONNER v. *Pas le temps de **taponner**. Il faut y aller vite.* (Hésiter, tergiverser.)

TARLA n. et adj. *J'ai rarement vu aussi **tarla** que lui.* (Faible d'esprit.) **R.** On entend aussi «tarlais».

TASSER (SE) v. pron. ***Tassez-vous**, je dois aller voir le patron.* (S'enlever, se ranger.)

TATAOUINAGE n.m. *J'en ai assez de votre **tataouinage**.* (Indécision.)

TATOU n.m. *Le suspect a un **tatou** sur le bras gauche.* (Tatouage.) **A.** *Tattoo.*

TCHÈQUE n.m. * Prononciation anglaise de *chèque*.

TCHÉQUER v. Voir ***chécker***.

TCHOKE n.m. Voir ***choke***.

TECHNICALITÉ n.f. *Ils ont gagné le procès à cause d'une **technicalité**.* (Détail technique, question de procédure.) **A.** *Technicality.*

TEINDU, E adj. **1.** *Tu le feras pas changer d'avis en politique. C'est un rouge **teindu**.* (Teint, persistant dans son allégeance.) **2.** *L'as-tu vue avec ses cheveux* *teindus en vert!* (Teint.) **R.** Le participe passé de «teindre» se dit parfois «teindu».

TÉLÉROMAN n.m. *Il y a des téléromans tous les soirs à la télévision.* (Feuilleton.)

TEMPÉRATURE n.f. *Avez-vous eu de la belle température durant votre voyage?* (Du beau temps.)

TEMPS n.m. **1.** *Il a prévu faire du temps supplémentaire.* (Des heures supplémentaires.) **A.** *Overtime.* **2.** *J'espère que le train va arriver en temps.* (À l'heure.) **A.** *In time.* **3.** *Il arrive en avant de son temps.* (Avant l'heure fixée.) **4.** *Je dois remplir ma feuille de temps.* (Fiche horaire.) **A.** *Time sheet.* **5.** *Il a déjà fait du temps à cause de vols mineurs.* (Faire de la prison, aller en taule.)

TENIR v. *Tiens, toé!* ou parfois: *Quiens, toé!* **R.** Formule employée dans le monde de l'humour, à la fin d'une phrase, pour montrer qu'on a bien relancé la balle à l'adversaire qui voulait en imposer. On pourrait traduire par: *Voilà qui est bien fait!*

TERME n.m. *Le maire arrive à la fin de son terme.* (Mandat.) **A.** *Term.*

TERRE n.f. *Depuis qu'il a gagné à la loterie, il ne porte plus à terre.* (Voguer sur un nuage, être heureux comme un pape.)

TERRIBLE adj. *C'est terrible, terrible ton affaire. J'en reviens pas.* (Épouvantable.) **R.** Ironique.

TÊTE n.f. **1.** *J'ai besoin d'une tête d'oreiller, s'il vous plaît.* (Taie.) **2.** *C'est la saison pour cueillir des têtes de violon.* (Crosse de fougère.) **A.** *Fiddle head.* **3.** *Cette tête de fromage [ou en fromage] est délicieuse.* (Fromage de tête.) **4.** *Ça prend pas la tête à Papineau pour comprendre ça.* (Pas besoin d'être très intelligent.) **R.** De Louis-Joseph Papineau (1786-1871), homme politique canadien. On entend aussi *être une tête à Papineau,* «être très intelligent».

TÉTEUX, EUSE 1. n. *Regarde le **téteux** qui fait des courbettes.* (Flagorneur.) **2.** adj. *Elle trouvait ça **téteux**.* (Cucul, stupide.)

TÉVÉ n.f. *Ça devrait passer à la **tévé** dans la soirée.* (Télé.) **R.** S'écrit aussi « TV ».

THÈME n.m. *Elle a choisi une pièce de Chopin comme **thème musical** de son émission.* (Indicatif musical.)

THRILLANT, E adj. *C'est un film **thrillant**, plein de rebondissements.* (Excitant, émouvant.) **A.** De *thrilling*.

TI (se prononce « tsi ») **1.** pron. pers. *C'est-**ti** toé qui viens avec moé ?* (Est-ce...) **R.** Voir **tu**. **2.** adj. *Notre **ti-coune** [**ti-caille**, **ti-casse**, **ti-cul**, **ti-pit**, **ti-zoune**] n'en menait pas large devant ses adversaires.* **R.** Termes pour se moquer d'une personne. Le *ti* est un diminutif de « petit ».

TICKET (se prononce « tiquette ») n.m. *C'est le deuxième **ticket** que j'attrape cette semaine.* (Contravention, contredanse, P.V.) **A.** Anglic. dans ce sens.

TIENDRE v. *J'espère que ça va **tiendre**.* (Tenir.) **V.** Vieux français.

TIGUIDOU interj. *Mon ordinateur est réparé. C'est **tiguidou** !* (Parfait.)

TIME (se prononce « taïme ») interj. ***Time** ! On arrête dix minutes. O.K. ?* **R.** Période d'arrêt dans les sports. **A.** *Time out*.

TIMEX n.f. *C'est pas le temps de perdre ta **Timex**.* (Montre [marque déposée].) **R.** Les Québécois prononcent « taill'mex », les Européens « timex ».

TIP n.m. *Au restaurant, tu dois laisser un **tip** de 10 % à 15 %.* (Pourboire.) **A.** Mot anglais.

1. TIRE n.f. *Le jour de la Sainte-Catherine, ma mère prépare de la **tire**.* (Friandise à l'érable ou à la mélasse.)

2. TIRE (se prononce « tailleur ») n.m. *C'est préférable de mettre des **tires** d'hiver.* (Pneu.) **A.** Mot anglais.

TIRER v. *Il doit se lever tôt pour* **tirer** *les vaches.* (Traire.)

TOAST n.f. **1.** *Je veux* **une toast** *et un café.* (Un toast.) **R.** S'emploie au féminin au Québec lorsque le mot a le sens de « tranche de pain grillée ». **2.** *Il s'est fait passer aux toasts quand son père a su qu'il était coupable.* (Passer un mauvais quart d'heure.)

TOASTÉ, E adj. *J'ai mangé une sandwich* **toastée** *au fromage.* (Grillé.) **A.** *Toasted.* L'anglais avait emprunté ce mot au vieux français.

TOFFE n. et adj. *Ça prend des gars* **toffes** *pour travailler ici.* (Robuste, résistant.) **A.** *Tough.*

TOFFER v. *Tu* **tofferas** *pas dix minutes dans cet enfer.* (Résister.) **A.** *To be tough.*

TOKEN n.f. *Ton invention,* **ça vaut pas une token**. (Ça ne vaut rien, pas un sou.) **A.** Mot anglais.

TÔLE n.f. *J'aimerais y aller avec toi, mais je n'ai* **pas une tôle**. (Pas d'argent.)

TOMBE n.f. *Au salon funéraire, la* **tombe** *était fermée.* (Cercueil.) **R.** En français, le mot « tombe » est réservé au lieu où le mort est enseveli.

TOMBOY n. *Elle a des allures de* **tomboy**. (Garçon manqué, virago.) **A.** Mot anglais.

TONNE n.f. *Il* **sentait la tonne** *à un mille à la ronde.* (Empester l'alcool.)

TOP n.m. **1.** *Elle a écrasé son* **top** *de cigarette.* (Mégot, clope.) **2.** *L'auto était complètement* **virée sur le top**. (Renversée sur le toit.) **A.** Mot anglais.

TOPLESS n.f. *Ils ont pris leur soirée pour aller voir des* **topless**. (Danseuse nue.) **A.** Mot anglais. **R.** S'emploie par euphémisme.

TOPPER v. *Il s'est fait* **topper** *juste au fil d'arriver.* (Doubler.) **A.** *To top.*

TOQUANT, E adj. *Je ne mange plus de gâteau. C'est trop **toquant**.* (Sucré, bourratif.) **R.** Dans l'est du Québec.

TORCHE n.f. *C'est la **grosse torche** qui nous cause encore des problèmes.* (Mégère.) * Vulg.

TORDAGE n.m. *Plutôt que de discuter calmement, il préfère le **tordage de bras**.* (Violence.)

TORDEUR n.m. *En répondant oui à cette question, tu te mets un bras **dans le tordeur**.* (Dans l'essoreuse.) **R.** Dans le sens de : *Tu ne peux plus reculer.*

TORDEUSE n.f. *Ces arbres ont été dévorés par la **tordeuse [de bourgeons d'épinette]** durant les années quatre-vingt.* (Insecte nuisible, qui a fait des ravages dans les forêts québécoises.)

TORDRE v. *Je vais lui **tordre le bras**.* (Forcer la main.) **A.** *To twist someone's arm.*

TORRIEUX juron

TORT n.m. *Je vais laver les fenêtres. **Ça fera pas tort!*** (Ça fera du bien.) **V.** Vieux français.

TORVIS juron

TOTCHÉ, E adj. *Attention, c'est une situation très **totchée**.* (Délicat, épineux.) **A.** *Touchy.*

TOTON n. et adj. Voir ***niaiseux***.

TOULADI n.f. *C'est un grand pêcheur de **touladi**.* (Espèce de truite d'eau douce.)

TOUNE n.f. *Il compose toujours de belles **tounes**.* (Chanson populaire.) **A.** *Tune.*

TOUR n.m. **1.** *Ça fait cinq jours qu'elle répond aux clients. Elle commence à **prendre le tour**.* (Acquérir une expérience pratique.) **2.** *Il a réussi **le tour du chapeau**.* (Au hockey, fait pour un joueur de compter trois buts dans la même partie.) **3.** *On est allés **faire un tour chez** Pauline dimanche.* (Rendre visite à.)

TOURTIÈRE n.f. *Sa mère prépare des **tourtières** pour Noël.* (Tourte, tarte à la viande.)

TOUTOUNE n.f. *C'est difficile pour une **toutoune** de devenir reine de beauté.* (Femme rondelette.)

TOWER (se prononce «toué») v. *Elle a fait **tower** sa voiture.* (Remorquer.) **A.** *To tow.*

TOWING (se prononce «toïng») n.m. *Je voulais éviter un **towing**.* (Dépannage automobile, remorquage.) **A.** Mot anglais.

TRACK n.f. **1.** *Tu dois **être à côté de la track**.* (Faire fausse route, être à côté de la plaque.) **2.** *Elle se promène le long de la **track** [du chemin de fer].* (Voie ferrée.) **A.** Mot anglais.

TRADUISABLE adj. *Il m'a demandé si c'était **traduisable** en anglais.* (Traduisible.)

TRAFIC n.m. *Elle l'a envoyé **jouer dans le trafic**.* (Se promener, se faire cuire un œuf.)

TRAIL n.f. *Il s'agit de suivre cette **trail** jusqu'au bout.* (Sentier, piste.) **A.** Mot anglais.

TRAILER (se prononce «tréileur») n.m. *Elle avait besoin d'un **trailer** pour déménager.* (Remorque.) **A.** Mot anglais.

TRAIN n.m. *Cesse de faire **du train**, on s'entend pus parler.* (Du bruit, du tapage.) **V.** Vieux français.

TRAÎNE n.f. *Elle a perdu sa **traîne sauvage**.* (Traîneau sans patins, toboggan.)

TRAÎNERIE n.f. **1.** *Ramasse tes **traîneries**.* (Chose qui traîne.) **2.** *Ils vont passer à travers, **ça sera pas une traînerie**!* (Sans hésitation.)

TRAÎNEUX, EUSE adj. *On ne peut rien lui confier. Il est trop **traîneux**.* (Négligent, traînard.)

TRAITE n.f. *C'est à mon tour de **payer la traite**.* (Offrir une consommation, une tournée.) **A.** *Treat.*

TRÂLÉE n.f. *Ils sont arrivés avec leur **trâlée** d'enfants.* (Troupe, ribambelle.) **V.** Vieux français.

TRANCHE n.f. *Il a failli se couper un doigt avec la **tranche**.* (Massicot.)

TRANQUILLE adj. *C'est un film des années **mil neuf cent tranquille**.* (D'autrefois.)

TRANQUILLEMENT adv. *Il va arriver **tranquillement pas vite**.* (Sans se presser, en retard.)

TRANSFÉRER v. *Aimerais-tu être **transféré** dans une grande ville ?* (Muter.) **A.** *To transfer.* Anglic. dans ce sens. **R.** En français, on « transfère » (faire passer) une entreprise, un prisonnier ou un mort dans un autre endroit, mais un employé est « muté » (affecté à un autre poste).

TRANSFERT n.m. *Tu prendras un **transfert** d'autobus.* (Correspondance.) **A.** Anglic. dans ce sens.

TRAPPE n.f. *Je te conseille de **te fermer la trappe**.* (Se taire.) * Vulg.

TRAVERSE n.f. *Il faut se rendre jusqu'à la **traverse**.* (Lieu de passage, *ferry*, passage à niveau.)

TRAVERSIER n.m. *Elle va prendre le **traversier** entre Québec et Lévis.* (Bac, *ferry-boat*.)

TREMPE adj. *Son pantalon était tout **trempe**.* (Trempé.)

TRENTE-SIX n.m. *Pour le gala, il était **sur son trente-six**.* (Habillé avec élégance, sur son trente et un.)

TRESSE n.f. *Elle veut se faire des **tresses françaises**.* (En France, on les appelle des « tresses afro ».)

TRICHAGE n.m. *Attention, les amis, le **trichage** est défendu.* (Tricherie.)

TRICOTER v. *Le jeune joueur a **bien tricoté** avant d'enfiler son but.* (Manœuvrer avec finesse.)

TRIP n.m. *Elle veut faire le tour du monde. Tout un **trip** !* (Voyage.) **A.** Mot anglais.

TRIPANT, E adj. *C'est **tripant** ton projet de roman.* (Emballant.) **A.** De *trip*.

TRIPER v. *Ça me fait **triper** de voir un film aussi grandiose.* (Planer, rêver.) **A.** *To trip*.

TRÔLER v. *Tu le connais. Il aime **trôler les filles**.* (Courir les nanas.) **A.** *To troll.* * Vulg.

TROU n.m. **1.** *Prends ton **trou** !* (Écrase ! Va jouer ailleurs !) **2.** *Il pète **plus haut que le trou**.* (Plus haut que son cul.) **3.** *Ce gars-là, c'est un **trou de cul**.* **R.** Les Québécois disent « trou de cul » au lieu de « trou du cul ». * Vulg.

TROUBLE n.m. **1.** *Je me suis donné beaucoup de **trouble** pour régler ce problème.* (Peine.) **2.** ***Pas de trouble** ! Je vais arranger ça.* (Pas de problème.) **3.** *Avec tes paroles en l'air, tu nous as mis **dans le trouble**.* (Dans le pétrin, dans l'embarras.) **4.** *Je me doutais bien qu'ils **feraient du trouble** durant la soirée.* (Causer des ennuis.) **A.** Anglic. dans ces sens.

TROUSSEAU n.m. *Le bébé est né et le **trousseau** n'était pas prêt.* (Layette.)

TRUCK n.m. *Il a emprunté le **truck** de son frère pour déménager.* (Camion.) **A.** Mot anglais.

TRUSTER v. *Je n'arrive plus à le **truster**.* (Faire confiance à.) **A.** *To trust*.

TU pron. pers. **1.** *Viens-**tu** de Paris ?* **R.** Ce qui surprend souvent les étrangers francophones qui arrivent au Québec, c'est la facilité avec laquelle les gens d'ici se tutoient. En France, jamais les élèves ne tutoient les enseignants. Au Québec, c'est courant. Un Français racontait qu'il avait été très surpris, un jour qu'il s'était égaré dans une rue de Montréal, de se faire demander tout gentiment par un policier québécois : « Où est-ce que **tu** veux aller ? » En Europe, l'agent l'aurait évidemment vouvoyé. Certains perçoivent ce tutoiement comme un manque de politesse élémentaire, d'autres disent qu'il fait reculer les frontières psychologiques entre les classes sociales et entre les différents âges de la vie. **2.** *C'est-tu [ou C'est-ti] là qu'il faut aller?* **R.** Au Québec, on emploie souvent le «tu» (qui se déforme quelquefois en «ti») pour marquer l'interrogation.

TUNE-UP n.m. *L'automne, je fais faire un tune-up à ma voiture.* (Mise au point.) **A.** *To tune (up).*

TUQUE n.f. *Mets ta tuque si tu vas jouer dehors.* (Bonnet de laine.)

TURLUTER v. *Il aimait turluter des airs de la Bolduc.* (Fredonner, moduler quelques syllabes sur le bout de la langue.) **V.** Vieux français. **R.** Ne désigne pas du tout la fellation, comme dans le langage populaire français.

TU-SUITE ou **TUSUITE** adv. **1.** *Ta mère a dit de rentrer tu-suite.* (Tout de suite.) **2.** *Je l'ai vu. Il n'est pas beau tu-suite!* (À première vue.)

TUXEDO (se prononce «toxédo») n.m. *C'était une grande soirée, avec talons hauts pour les dames, tuxedo pour les messieurs.* (*Smoking.*) **A.** Mot anglais.

TWIT n. et adj. *Eh! le twit, laisse-moi travailler en paix.* (Idiot.) **A.** *Tweet.* * Vulg.

U

L'évolution d'une langue est un phénomène lent, irrégulier, partagé entre les néologismes et les archaïsmes, entre ceux qui désirent sauvegarder une certaine éthique et ceux qui veulent à tout prix moderniser, entre ceux qui se réclament de la tradition et ceux qui préfèrent suivre la mode.

CHANTAL BURDIN
Le français moderne tel qu'on le parle

UNION n.f. *Tu devrais en parler au représentant de ton **union**.* (Syndicat.) **A.** Anglic. dans ce sens.

URGENCE n.f. *Les cas graves doivent se présenter au **service d'urgence** de l'hôpital.* **R.** En Europe, on dit le «service des urgences», au pluriel.

USAGÉ, E adj. *La vente d'appareils **usagés** est terminée.* (D'occasion.) **A.** *Used.*

U-TURN (se prononce «iou-teurne») n.m. *Il est défendu de faire un **u-turn** à cette intersection.* (Demi-tour.) **A.** Mot anglais. **R.** Au Québec, on dit aussi, calqué sur l'anglais: virage en U.

V-W

Le français et l'anglais ont connu des relations si intimes et si fréquentes qu'on peut suivre dans leur vocabulaire comme une longue histoire d'amour entre la plus latine des langues germaniques — l'anglais — et la plus germanique des langues latines — le français.

HENRIETTE WALTER
L'aventure des langues en Occident

V

VADROUILLE n.f. *La maison a besoin d'un bon coup de vadrouille.* (Balai à franges.)

VAGUE n.f. *Durant la partie de hockey, la foule a fait la vague plusieurs fois.* (Houle.)

VALEUR n.f. ***C'est de valeur**, mais on peut pas y aller!* (C'est dommage, c'est malheureux.) **V.** Vieux français. Montaigne employait cette expression.

VALISE n.f. *Elle a remis la malette dans la valise de l'auto.* (Coffre.)

VANITÉ n.f. *Sa trousse de maquillage est sur la vanité.* (Meuble-lavabo, coiffeuse.) **A.** *Vanity unit.*

VANNE n.f. *Le groupe a loué deux vannes pour sa tournée.* (Grand fourgon, semi-remorque.) **A.** *Van.*

VARGER v. *J'avais envie de **varger** dans le tas.* (Frapper.) * Vulg.

VARGEUX, EUSE adj. *C'est pas **vargeux** !* (C'est moche !) * Vulg.

VEILLER v. *Ils sont partis **veiller** chez des amis.* (Passer la soirée.) **V.** Vieux français.

VELOURS n.m. *Ça lui a fait un petit **velours** de savoir ça.* (Il a été flatté.)

VENDEUR n.m. *Ce livre est le meilleur **vendeur** de l'été.* (Article qui se vend bien.)

VENEER (se prononce « venir ») n.m. *Ce **veneer** est de mauvaise qualité.* (Contreplaqué.) **A.** Mot anglais.

VENTE n.f. *Les magasins préparent leurs **ventes** après Noël.* (Solde, vente au rabais.) **R.** Avec le mot « vente », quelques expressions courantes, calquées de l'anglais, doivent être signalées : ***vente d'écoulement*** [*clearance sale*] (liquidation), ***vente de garage*** [*garage sale*] (vente-débarras) et ***vente de trottoir*** [*pavement sale*] (braderie).

VERGE n.f. *Il faut plusieurs **verges** de tissu pour couvrir cette table.* (*Yard.*) **R.** Unité de mesure valant 3 pieds ou 36 pouces ou 0,914 mètre. Les expressions « verge carrée » ou « ruban à la verge » peuvent surprendre certains francophones.

VÉRIFICATEUR, TRICE n. *Nous avons exigé du **vérificateur** un examen de notre rapport annuel.* (Comptable, audit.)

VERRE n.m. *Nous allons tous ensemble prendre un **verre de l'amitié**.* (Pot amical.)

VERSATILE adj. *Elle chante, elle joue du piano, elle aime la voile. Elle est très **versatile**.* (Dans le sens de : avoir des talents variés.) **A.** Anglic. dans ce sens.

VERT n.m. *C'était une bonne partie de golf. J'ai bien joué sur les **verts**.* (*Green.*)

VIARGE juron

VIDANGES n.f.pl. *Dans ma rue, ils ramassent les* **vidanges** *le lundi.* (Ordures, poubelles.)

VIDANGEUR n.m. *Le* **vidangeur** *a mis tous les sacs dans son camion.* (Éboueur.)

VIE n.f. *Aujourd'hui, ils* **font la grosse vie** *en Floride.* (Mener la belle vie, la grande vie.)

VIOLON n.m. *Dans son entreprise, il a toujours* **joué les seconds violons**. (Jouer un rôle de second plan, jouer les seconds couteaux.) **A.** *To play second fiddle.*

VIRAGE n.m. *Il a fait un dangereux* **virage en U** *pour revenir.* (Demi-tour.) **A.** *U-turn.*

VIRAILLAGE n.m. *Les jeunes voulaient continuer leur* **viraillage** *en ville.* (Va-et-vient.)

VISITE n.f. *Dépêche-toi.* **La visite** *arrive.* (Les invités.)

VISITER v. *Ça fait longtemps que j'ai pas* **visité** *mon frère.* (Rendre visite à.) **R.** Habituellement, en Europe, on visite un endroit et on rend visite à une personne.

VISOU n.m. *Il faut* **avoir du visou** *pour atteindre la cible.* (Avoir l'œil juste, avoir de la précision.)

VITRE n.f. *Je suis certain qu'il avait un œil de* **vitre**. (Verre.)

VLIMEUX, EUSE n. *Tu m'a joué un tour, mon petit* **vlimeux**. (Coquin, venimeux.) **V.** Vieux français.

VOTEUR, EUSE n. *Les* **voteurs** *attendaient leur tour.* (Électeur.) **A.** *Voter.*

VOÛTE n.f. *La banque a décidé de solidifier la* **voûte**. (Chambre forte.) **A.** *Vault.* Anglic. dans ce sens.

VOYAGE n.m. **1.** *Il n'a pas réagi à cette nouvelle.* **J'ai mon voyage !** (Je n'en reviens pas.) **2.** *Ça fait cent fois que je refais ce travail.* **J'ai mon voyage !** (J'en ai assez, j'en ai marre.) **3.** *Il y avait devant moi un tracteur avec un* **voyage** *de foin.* (Chargement.)

VOYAGISTE n. *Le voyagiste n'a pas respecté ses engagements.* (Tour-opérateur.)

VOYONS DONC! interj. *Tu n'as pas encore eu le temps? Voyons donc!* (Ça m'étonne! Je ne te crois pas!)

VUE n.f. **1.** *Nous allons aux vues.* (Au cinéma.) **2.** *Il y a une bonne vue à la télé, demain soir.* (Film.)

WACK n.m. *L'arbre allait tomber sur lui. J'ai lâché un wack.* (Crier.)

WAGUINE n.f. *Il a mis une waguine derrière son tracteur.* (Charrette.) **A.** *Wagon.*

WAITER, WAITRESS n. *Il y avait plusieurs waiters mais aucune waitress.* (Serveur et serveuse, dans un bar ou un restaurant.) **A.** Mots anglais.

WASHER (se prononce «ouacheur») n.m. *J'ai besoin d'un petit washer pour arranger ton pédalier.* (Rondelle de métal ou de caoutchouc.) **A.** Mot anglais.

WATCHER v. **1.** *Il a l'air louche. Mieux vaut le watcher.* (Surveiller.) **2.** *Watch out! Elle arrive.* (Attention!) **A.** *To watch.*

WINDSHIELD n.m. *Je vais nettoyer mon windshield.* (Pare-brise.) **A.** Mot anglais. * Se prononce parfois «ouinshire».

WIPER (se prononce «ouipeur», ou «ouaill'peur») n.m. *Les wipers sont utiles en cas de pluie.* (Essuie-glaces.) **A.** Mot anglais.

WISE (se prononce «ouaïse») adj. *Nous avons besoin d'une personne très wise pour faire ça.* (Avisé, expérimenté.) **A.** Mot anglais.

WRENCH n.m. *Passe-moi le wrench, je dois serrer cet écrou.* (Clé anglaise.) **A.** Mot anglais.

Y-Z

Les hommes ont été de tout temps déchirés entre le besoin de communiquer avec le plus grand nombre et le désir de spécificité, de fermeture sur le clan ou le groupe. [...] Le langage est donc le lieu d'un conflit insoluble entre la visée d'unité et le désir de singularité.

MARINA YAGUELLO
Les fous du langage

Y

YEUX n.m.pl. Après que je lui ai annoncé la nouvelle, elle avait **les yeux pleins d'eau**. (La larme à l'œil.)

YIN QUE loc. adv. *J'ai **yin que** cinq piastres sur moi.* (Rien que, seulement.)

Z

Z *Quatre-z-enfants. Huit-z-oiseaux. Vingt-z-hirondelles.* **R.** Inspirés par la liaison en Z des chiffres deux, trois, dix, onze, douze et quinze, les Québécois prononcent parfois le Z de liaison après quelques autres nombres. Et on dira aussi bien « vingt-z-ampères » que « quatre-vingts-ampères ».

ZARZAILLE n. Voir *niaiseux*. ⌣

ZARZOIN n. Voir *niaiseux*.

ZIGONNER v. *Il n'arrête pas de zigonner avec son projet.* (Perdre son temps, zigzaguer.)

ZIPPER (se prononce «zippeur») n.m. *Un bout de chemise était pris dans le zipper de son manteau.* (Fermeture éclair.) **A.** Mot anglais.

ZOO n.m. *As-tu visité le zoo de Granby?* **R.** Plutôt que de dire «zo» ou «zo-o», les Québécois prononcent «zou», en raison d'une influence de l'anglais.

ZOUAVE n. et adj. Voir *niaiseux*.

ZOZO n. et adj. Voir *niaiseux*.

Annexes

Tendances de prononciation

«Ah! Vous avez l'accent québécois, n'est-ce pas?»
Dire d'une personne qu'elle a un «accent québécois»
signifie que celle-ci a une prononciation qui dévie de
la norme française. En premier lieu, ce sont certains
détails dans la manière de prononcer les mots qui distinguent les Québécois parmi d'autres francophones.

Selon les personnes, les régions et les circonstances, le mot «frère» peut, au Québec, s'entendre
d'un /è/ très ouvert (comme en France), à un /é/ long
et appuyé: «fréére». Le mot «radar» rime parfois
avec «phare», d'autres fois avec «fort». Cette
diction varie en fonction de plusieurs données: le
contexte social (on s'applique à mieux parler quand
on prononce un discours ou quand on tente d'obtenir
un emploi que lorsqu'on discute avec un ami), la
région, la classe sociale, l'âge, l'instruction, le sexe
(certains disent que les femmes ont tendance à
respecter davantage les normes linguistiques).

Quelques-unes de ces prononciations sont héritées
des parlers français du XVIIe siècle. L'ouvrage de Luc
Ostiguy et de Claude Tousignant, *Le français québécois, normes et usages*, qui porte sur ces questions,
est très intéressant. Je donne ici quelques tendances
de prononciation propres au Québec.

Voyelles

Le son /a/ a parfois tendance à devenir /â/,
semblable au /o/ de «donner». C'est un /a/ plus
fermé, plus avancé dans la bouche: Canadâ, chât,
tabâc, Ritâ, quârt, mârdi, radâr, guitâre, pâpa,
mâman. Les /a/ dans, par exemple, «Jacques
Caron» peuvent aller jusqu'à ressembler aux /o/ de
«occupé» et de «orange». Et quelquefois, le /a/
s'allonge paresseusement: «Faut gongner!» (Il
faut gagner!) Par contre, la différence sonore entre
«pâte» et «patte», «tâche» et «tache» est très

nette au Québec, ce qui n'est généralement pas le cas en France.

Le /è/ se prononce parfois comme un /é/. Affére, en arriére, chaudiére, néger, le mois de mé, il faut se tére. Les mots « père » et « mère » ont tendance à se prononcer pére et mére dans les régions alors que, dans la zone urbaine de Montréal, on entendra plutôt paère et maère.

Le son /è/ peut devenir /a/. Assayer, farmer, marci, narveux, sarvice, travarser, charcher, pardre, raculer.

Le /ê/ s'allonge. Le /ê/ est plus long qu'en France dans des mots comme : baêête (bête), faêête (fête), fenaêêtre (fenêtre) ou taêête (tête). La différence de prononciation est très perceptible entre les mots *belle* et *bêle*.

Le son /i/ se rapproche du /é/. Comme le /é/ des mots « édifice » ou « élogieux ». Béscuit, égoéste, émiter, médi, ménute, trébune, tréste, vélle, vérgule, véséble, véte.

La suite /or/ est souvent diphtonguée en /aor/. Encaore, maort. C'est un /o/ plus long, plus rond qu'en France.

La suite /wa/ devient /wè/. Bonsouèr, bouère, crouère, drouète, étouèle, frambouèse, mirouère, nouèr, pouèsson, pouèvre, rouè, se souègner.

La suite /wa/ peut aussi tanguer vers le /wé/. Moé, toé, je te cré, ça doué, je te voué. Louis XIV ne disait-il pas : « Le roé, c'est moé » ?

Le son /u/ dans la suite « uche », « une » ou « ume » s'approche du son /eu/. Beûche, commeune, leune, pleume, preune.

On retrouve aussi quelques transformations plus exceptionnelles :

Le /a/ change en /é/ : quésiment.

Le /e/ peut devenir /é/ : déhors, pésant.

La suite /ia/ devient /iè/ : pièno.

Le son /o/ penche vers le /a/ : j'arais dû y aller.

Le son /ou/ devient /u/ : viens tu d'suite.

Consonnes et syllabes

Certaines personnes ont tendance à transformer **le /ch/ de chanson, le /g/ de gelée et le /j/ de jardin** en un /h/ expulsé, à la manière du /j/ espagnol ou du /ch/ allemand : une *h*anson, de la *h*'lée, un *h*ardin. Cette prononciation semble toutefois démodée et dépréciée par plusieurs.

La syllabe finale en/-ent/ prend un son plus gras, plus nasal. La sonorité de cette finale a tendance à s'allonger — accid*ááán*, lent'm*ááán*, différ*ááán* —, alors qu'en Europe elle est plus courte et tombante.

Le son /in/ est plus long et plus nasal au Québec. Grain, pain, chemin. Un Européen qui veut imiter ce son doit se pincer les narines. Cependant, la différence entre le son /in/ (brin) et le son /un/ (brun) est très facile à percevoir au Québec, alors que ces sons se confondent en Europe.

La finale /-age/ s'allonge langoureusement : pass*aaa*ge, mess*aaa*ge, riv*aaa*ge.

Beaucoup de verbes en français commencent par **le son /re-/**. Dans le langage courant, au Québec, la plupart de ces verbes changent le son /re-/ pour le son **/ar-/**. Quelques exemples : [ar]commencer à jouer, [ar]conduire quelqu'un, [ar]connaître une personne, [ar]faire un travail, [ar]fermer la porte, [ar]lever la tête, [ar]lire un paragraphe, [ar]mettre un livre, [s'ar]monter le moral, [ar]nouveler sa carte de membre, [s'ar]poser un moment, [ar]prendre des forces, [ar]tirer de l'argent, [ar]tomber sur ses pieds, [ar]tourner chez le voisin, [ar]venir demain. (Notez que les verbes qui commence par **/ré-/**, comme réfléchir, rétrécir ou réussir, se suivent pas cette tendance.)

Dans les sons /ti/ et /tu/, un *s* se glisse couramment entre les deux lettres : pet*s*it, *ts*igre, bât*s*iment, *ts*unnel, *ts*unique, peint*s*ure. Même chose pour les **sons en /di/ et en /du/**, qui adoptent un *z* : lund*z*i, mard*z*i, je te le d*z*is ; c'est d*z*ur, bord*z*ure, verd*z*ure.

Les Québécois ont tendance à **laisser tomber une lettre** (ou deux) dans certaines syllabes finales qui contiennent deux (ou trois) consonnes. Il s'agit souvent d'un *l*, d'un *t* ou d'un *r*. Lisez à haute voix : planter un arb', un artic' de sport, être capab', compter des chif', tirer son éping' du jeu, c'est pas juss', des études en lett', un liv' d'aventures, le miniss' des Finances, perd' sa montre, des pantouf', un parap'uie», un grand violoniss', etc. (Notez cependant qu'on écrit ces mots avec toutes leurs lettres.)

Le /t/ final devient sonore dans certains mots. Nuitt', litt', pissenlitt', deboutt', au boutt', c'est pas toutt', fouett', toupett'. Et même pour les mots «crapaud», «fossé», «froid», «ici» et «laid», qui n'ont pourtant pas de finale en /t/, il arrive qu'on entende : crapott', fossett', frett', icitt' et lett'. Par contre, au Québec, on entend rarement le /t/ du mot «but» ou le /l/ de «nombril».

Histoire...

Parcourir le livre *Le ramage de mon pays*, que Victor Barbeau a publié en 1939, nous démontre que la prononciation de certains mots au Québec a tendance de nos jours à se rapprocher de la prononciation standard. Ainsi, avant la Seconde Guerre, on avait tendance, au Québec, à dire : li*n*di (lundi), mé*c*redi (mercredi) et vende*r*di (vendredi) ; f*eu*vrier (février), avr*i* (avril), *aoutte* (août), s*e*ctembe (septembre). Plusieurs comptaient ainsi : u*ne* (un), deu*sse* (deux), troi*sse* (trois). On entendait : *chousse* (souche), *im*pothèque (hypothèque), *sa*mon (saumon), s*u*mer (semer), etc. Aujourd'hui, ces déformations semblent passées de mode. En somme, grâce aux moyens de communication et à l'instruction, les Québécois se sont rapprochés à certains égards de la langue française européenne depuis cinquante ans.

... et géographie

La langue française parlée sur l'ensemble du territoire québécois est assez uniforme, globalement parlant. Chaque région possède bien sûr un répertoire d'expressions typiques et quelques intonations distinctives. Certaines zones sont plus influencées que d'autres par l'anglais (Outaouais, Montréal). Cependant, si l'on écoute parler l'une après l'autre des personnes originaires de Trois-Rivières, de Rouyn, de Baie-Comeau, d'Alma et de Boucherville, on remarque que les différences ne sont pas toujours évidentes et qu'il est difficile de discerner l'origine de ces Québécois simplement par leur accent. En fait, beaucoup d'accents régionaux se sont éclipsés depuis les années soixante, avec les migrations interrégionales et l'influence des médias. Sur l'axe des variations régionales, on pourrait toutefois signaler que les deux pôles qui se distinguent le plus sont l'est de Montréal (avec les /r/ mouillés...) et le sud de la Gaspésie (avec les /i/ pointus... qui nous rapprochent de l'accent acadien du Nouveau-Brunswick).

Tournures et contractions

Dans le parler courant, les Québécois s'expriment selon des tournures et des contractions de mots qui peuvent surprendre. Ainsi, ces tendances à faire disparaître quelques particules ou à emboutir les mots les uns dans les autres sont sans doute des aspects remarqués de la manière de parler québécoise. Bien entendu, ces usages sont souvent critiqués. Voici quelques exemples typiques.

Articles supprimés

Habitude de supprimer l'article dans certaines expressions courantes :

À prochaine ! (À la prochaine !)

Autres exemples : *Il est entré **dans maison**. Cet animal habite **dans jungle**. **Dans vie**, il faut s'attendre à tout. Il s'est rendu **jusqu'à fin** du trajet. On en retrouve **à grandeur** du pays. **À place** de Fernand, je n'irais pas.*

Compression, déformation, escamotage...

Dans la langue orale, certains mots courants sont comprimés, modifiés, escamotés. À vous de juger :

***Chu** content.* (Je suis content.)

***Ch't'en** vacances !* (Je suis en vacances.)

***J'a** mémoire courte.* (J'ai la mémoire courte.)

***J'y ai dit** souvent.* (Je lui ai souvent dit.)

***J'me sus** mis à lire.* (Je me suis mis à lire.)

***M'a t'dire** une chose.* (Je vais te dire une chose.)

***J'vas être** absent.* (Je vais être absent.)

***Est** habile.* (Elle est habile.)

*A va s'en aller si **t'a** r'gardes trop.* (Elle va s'en aller si tu la regardes trop.)

***Me** semble **qu'i'é** parti.* (Il me semble qu'il est parti.)

Y'en a pas deux pareils. (Il n'y en a pas deux pareils.)

Faut l'faire comme *faut*. (Il faut le faire comme il faut.)

Quand **ètait** jeune, **avait** peur. (Quand elle était jeune, elle avait peur.)

C't'une belle fille. (C'est une belle fille.)

Y **ont** trouvé la solution. (Ils ont trouvé la solution.)

Pousse-lé pas comme ça. (Ne le pousse pas comme ça.)

Fais-moi-z-en pas manger. (Ne m'en fais pas manger.)

Je veux avoir **elle**. (... celle-ci.)

Prends ce chemin, je vais prendre **lui** à droite. (... celui qui est à droite.)

C'est **ben** correct. (Bien.)

Mets ça **su'l'** buffet. (Sur le.)

La troupe de folklore arrive **su'a** scène. (Sur la.)

J'aime pas me faire marcher **su'é** pieds. (Sur les.)

T'as pas besoin de grimper **din** rideaux. (Dans les.)

Es-tu capable **d'é** tenir ? (De les.)

Il devrait revenir **a'èc** elle. (Avec.)

Veux-tu j'conduise ? (Veux-tu que je conduise ?)

J'ai toujours aimé **c'te** pantalon-là. (Ce...)

Ils ont donné **leu'** chemise. («Leu' », qui rime avec « bleu ».)

Elle est brillante dans **tou'é** sens du mot. (... tous les...)

C'est **queuqu'un** que je connais. (... quelqu'un...)

Je le cherche. L'as-tu vu **queuqu' part** ? (... quelque part.)

À **toué fois qu'**a vient, la chicane pogne. (À toutes les fois qu'elle...)

C'est **pas tà faitt'** parfait ! (... pas tout à fait...)

J'aimerais que tu viennes **tusuite**. (... tout de suite.)

J'irai avec toi, **t'à l'heure**. (... tout à l'heure.)

C'est **ben qu'trop dur**. (... bien trop dur.)

On est **têt' ben** arrivés trop vite. (... peut-être bien...)

Un m'ment 'nné, *j'en ai eu assez!* (À un moment donné...)

Tends ti peu, *j'arrive.* (Attends un petit peu...)

Questions

Chu-ti correct là ? (Suis-je correct ?)

T'as-tu bien saisi ? (As-tu bien saisi ?)

Ça vous fait-tu plaisir ? (Est-ce que ça vous fait plaisir ?)

Y a-tu exagéré ? (A-t-il exagéré ?)

Je l'savais-tu, moé ? (Comment pouvais-je savoir ?)

Qu'ess-tu veux encore ? (Qu'est-ce que tu veux encore ?)

Qu'ossé qu'y a qui va pas ? (Qu'est-ce qui ne va pas ?)

Qu'ossé ça prend pour y arriver ? (Qu'est-ce que ça prend...)

Sais-tu oùssé qu'y s'en va ? (... où il s'en va ?)

Les syndicats, qu'ossa donne ? (Les syndicats, qu'est-ce que ça donne ?)

C'est qui qui a fait ça ? (Qui a fait ça ?)

Tournures à l'anglaise

Les cours que j'étais bon dedans. (Les cours dans lesquels j'étais bon.)

Les ressources que les jeunes peuvent compter dessus. (Les ressources sur lesquelles les jeunes peuvent compter.)

La fille que je sors avec. (La fille avec qui je sors.)

Conjugaisons singulières

AU CONDITIONNEL

Il serait capable s'il voudrait. (... s'il voulait.)

Si j'aurais le temps... (Si j'avais le temps...)

Erreur sur l'auxiliaire

*Je **m'ai** inscrit à des cours de natation.* (Je me suis inscrit...)

*Autres exemples : Je **m'ai** réveillé de bonne heure. Tu t'en **avais** occupé hier. Je **m'ai** mal expliqué. Il s'**avait** trompé. Je **m'ai** aperçu de rien. Je **m'ai** lavé les mains.*

Et d'autres cas...

Certaines des phrases qui suivent ont été dites par des enfants, encore insouciants des caprices de la langue. Il n'est pas impossible cependant qu'on les entende, à l'occasion, dans la bouche de certains adultes. Ces tournures en font rigoler plusieurs alors que d'autres se sentent irrités.

*Il se serait fait **abattu** par la pègre.* (Abattre.)

*J'aimerais ça si on y **allerait** aujourd'hui.* (Allait.)

*Au moins, ils apprennent des choses quand ils **allent** à l'école.* (Vont.)

*L'eau **bouille** à 100 °C.* (Bout.)

*Faut qu'y **continussent** comme ça.* (Continuent.)

*J'espère que ça va vous **conviendre**.* (Convenir.)

*Je l'ai **découvri** tout seul.* (Découvert.)

*Il fallait que les choses **soyaient** bien faites.* (Soient.)

*Les animaux **sontaient** disparus.* (Étaient.)

*J'ai **éteindu** la lampe avant de me coucher.* (Éteint.)

*J'aime beaucoup la soupe que vous **faisez**.* (Faites.)

*Les enfants **jousent** dans la rue.* (Jouent.)

*Il dit qu'il a **li** son livre au complet.* (Lu.)

*J'aimerais que tu **louses** un film demain.* (Loues.)

*J'avais **ouvri** la porte.* (Ouvert.)

*Les compagnies qui **pollusent** les rivières.* (Polluent.)

Avez-vous été répondu ? (Est-ce qu'on vous a répondu ?)

*Est-ce qu'on vous a **répond** ?* (Répondu.)

*Elle a beaucoup **souffri**.* (Souffert.)
*Il ne nous a pas **sui**.* (Suivi.)
*Elle s'est **teindu** les cheveux.* (Teint.)
*J'vas **tiendre** la corde.* (Tenir.)

N'oublions pas qu'on disait autrefois en France «je voirai», très proche du verbe infinitif «voir», contrairement à ce qui est devenu la règle aujourd'hui: «je verrai».

Des mots tombés en désuétude

Au Québec comme ailleurs, la langue évolue. Ainsi, divers mots et expressions, courants au Québec au début du siècle, ont pratiquement disparu aujourd'hui. En voici quelques-uns, proposés pour la plupart par Louis-Philippe Geoffrion, dans *Zigzags autour de nos parlers*: un cavalier (un amoureux); une créature (une jeune femme); une saucisse à corbillard (un hot dog); à tout le reste (absolument); parler tout à clair (distinctement); être bagoulard (bavard); une santé casuelle (fragile); un ouvrier déplet (prompt, expéditif, habile); aller hucher quelqu'un (appeler à haute voix ou frapper à la porte); se piéter (se hausser sur ses pieds, se dépêcher, se raidir, faire un effort); faire le renard (faire l'école buissonnière, s'absenter du travail); tomber en démence (en ruine); apporter son butin (ses effets personnels); un barbier (un coiffeur); une bombe (une bouilloire); un haim (un hameçon); une pelle-à-feu (une sage-femme); etc.

Les jurons (les «sacres»)

Tirés du vocabulaire liturgique, les «sacres» font intimement partie du lexique québécois. Ces jurons semblent constituer une réaction populaire ironique à la domination religieuse qu'a connue le Québec pendant de nombreuses décennies, jusqu'aux années soixante. Les Québécois utilisent un éventail de mots à saveur religieuse là où les Français préféreront les expressions à caractère sexuel.

Avec le temps, les sacres ont perdu de leur aspect blasphématoire, même s'ils demeurent d'un niveau de langue vulgaire. Ils sont devenus pour les Québécois une manière populaire de se reconnaître entre eux. Plusieurs jeunes les emploient comme pour affirmer leur personnalité en défiant un interdit; et ils continuent de s'en servir en vieillissant. Certains observateurs affirment toutefois que les jurons cachent, chez ceux qui en usent à profusion, un manque de vocabulaire pour exprimer diverses nuances de la réalité.

Les sacres permettent avant tout de mettre de l'intensité, de l'émotion dans ce qui est dit. Ce sont souvent des interjections qui expriment l'étonnement ou le mécontentement. Il n'est pas nécessaire toutefois d'être très fâché pour s'en servir... On en parsème ses propos de différentes manières: *ciboire qu'il fait froid; une* **ostie** *de belle photo;* **crisser** *quelqu'un dehors;* **câlisser** *un livre au bout de ses bras; le* **tabarnak**, *il est fou...* En général, ils sont interchangeables.

Les sacres sont utilisés plus souvent par les hommes que par les femmes, plus dans les classes populaires que dans les classes instruites. Mais on les retrouve dans tous les milieux. Le phénomène s'apparente aux jurons à saveur religieuse en usage en Italie ou en Espagne. Gilles Charest, dans *Le livre des sacres et blasphèmes québécois*, fait le tour de la question.

Les plus « graves » des jurons sont : batême, câlisse, calvaire, crisse, ciboire, crucifix, ostie, sacrament, saint-simonaque, tabarnak, viarge, etc. Voici les types d'utilisations courantes, avec équivalent approximatif :

*Tu parles d'une **crisse** de belle fille !* (Super.)

*C'est un **crisse** d'idiot !* (Il est drôlement idiot.)

*Je **crisse mon camp** demain pour la Floride.* (Je pars, je me taille.)

*Ils l'ont **crissé dehors** pour incompétence.* (Congédier, saquer, virer.)

*Je suis **en tabarnak** !* (En furie.)

***Ostie** que ça m'écœure cette affaire-là !* (Merde ! Bordel !) **R.** On entend aussi « estie ».

*Ah ben, **saint-simonaque**, si c'est pas mon ami Gilbert !* (Putain !)

*Il faut que je recommence tout, **ciboire**.* (Bordel !)

*Il aurait dû lui **câlisser une bonne volée** à cet imbécile.* (Donner une râclée.)

*Voyons **sacrament** ! J'ai encore un problème.* (Merde !)

***Ostie** de **crisse** de **câlisse** de **tabarnak** ! Tassez-vous gang d'épais ! Salauds !* (Poussez-vous ! Connards ! Enfoirés !)

D'autres jurons, dont certains sont de simples dérivés des précédents, s'avèrent plus légers, plus « acceptables », socialement parlant. Ils peuvent épicer bien des conversations : batéche, batinse, bondance, bonguienne, bonyeu, bozwell, câliboire, câlique, câline, caltor, calvasse, calvinse, carrosse, christophe, ciarge, cibole, clif, cristal, cristi, jériboire, jéritole, joual vert, maudit, mautadit, mosusse, ostinâtion, ostindebeu, sacrifice, saint-crème, sainte-bénite, saint-croche, souffrance, tabarnache, tabarnouche, tabarouette, tabarslak, torpinouche, torrieu, torvis, verrat, viande à chien, vinguienne, vlimeux, etc.

*C'est un beau blues en **câline** !* (C'est vraiment un beau blues.)

*C'est une **torrieuse** de bonne idée!* (Géniale.)
***Tabarouette** que tu cours vite!* (Oh!)

Les Québécois trouvent en général amusant que des étrangers saisissent le rôle et l'utilisation des « sacres » dans le langage oral. Cependant, si un étranger se met à en abuser, les Québécois pourraient penser qu'il veut se moquer d'eux... Les Québécois ont en général un bon sens de l'humour. Ils n'hésitent pas à rire de leurs propres travers. Par contre, lorsqu'on parle de langue, de politique, de nourriture, de religion et d'attraits touristiques, certains sont plus susceptibles, plus chatouilleux que d'autres.

Masculin ou féminin ?

Au Québec, des mots (notamment ceux qui commencent par une voyelle) changent parfois de genre dans le langage courant. Voici donc les plus fréquents qui passent occasionnellement du masculin au féminin : une accident, une acétate, une acompte, une aéroport, de la bonne air, une annuaire, une bonne appétit, une aquarium, de la grosse argent, une arrêt, une ascenseur, une asphalte, une autobus, une avion, une cantaloup, une diabète, une éclair, une écran, une échange, une entracte, une escalier, une escompte, une étage, une été, une exemple, une gang, une habit, une haltère, une harmonica, une hélicoptère, une hiver, une hôpital, une nouvelle horaire, une hôtel, une grosse impact, une intervalle, de belles jeans, une job, une belle orage, une orchestre, une oreiller, une grosse orteil, une pamplemousse, une pétale de fleur, une pore de la peau, une radis, une rail de chemin de fer, une sandwich, une tentacule, une testicule, une toast, etc.

Il arrive que l'on entende des phrases du genre : *C'est dans **la** même ordre d'idée. C'est **la** seule endroit où on peut en trouver. Il reste juste **une** petite espace. Il a **une** belle avenir devant lui. Ils ont **la** même âge.*

Par ailleurs, les Européens sont toujours surpris de la forte tendance, chez les Québécois, à féminiser. La « mairesse » y est bien une femme qui a été élue à la mairie et non la femme du maire. Une « professeure » y est aussi respectable qu'un professeur. On dit une « distributrice à sandwichs ». On fait parfois « de la motocross ».

Il n'y a qu'au Québec qu'un regroupement professionnel, l'Association des orthopédagogues du Québec, aura l'audace de publier un dépliant qui présente ses membres au féminin seulement, avec une mention coquine : « le féminin inclut le masculin», sous prétexte que plus de 80 % de ses membres sont des femmes.

Parfois, le masculin prend sa revanche. Il arrive que l'on entende : *J'ai reçu **un** circulaire*, au lieu de une. *J'ai été opéré pour **un** hernie discal. J'ai fait **un** erreur. Je veux faire agrandir **mon** garde-robe. On trouve ici **un** bel atmosphère. J'ai utilisé **du** fibre de verre.* Pareillement : un abeille, un ambulance, un araignée, un armoire, un cellophane, un écharpe, un entrevue, un étable, un horloge, un hypothèse, un île, un jeep, un moustiquaire, un offre, un once, un orange, un radio, un tumeur, etc.

L'automobile et le garage

Dans le domaine de l'automobile, les anglicismes abondent au Québec. Les efforts sont louables pour franciser les termes techniques. Preuve que c'est possible : « J'ai un pneu crevé » parvient souvent à remplacer « Mon *tire* est *flat* ». « Mon pare-brise est fêlé et mes essuie-glaces ne fonctionnent plus » se dit autant que « Mon *windshield* est pété et mes *wipers* marchent pus ». Malgré tout, le vocabulaire anglais est difficile à déloger...

Se rendre au garage au Québec est souvent l'occasion de faire connaissance avec les mots suivants, calqués de l'anglais pour la plupart :

B : le *balancement* des roues (équilibrage), le *ball joint* (joint à rotule), les *basses* (feux de croisement), le *bazou* (guimbarde), les *bearings* (roulements à billes), *booster* (survolter), *braker* (freiner), les *brakes* (freins), le *bumper* (pare-chocs) ;

C : le *camshaft* (arbre à cames), le *cap de roue* (enjoliveur), le *char* (voiture), *chauffer* (conduire), *chécker* (vérifier), le *check-up* (vérification), le *choke* (étrangleur, starter), la *clutch* (pédale d'embrayage), le *coffre* à gants (boîte), *cramper* les roues (braquer), le *crankshaft* (vilebrequin), le *criard* (klaxon) ;

D : le *dash* (tableau de bord), *déclutcher* (débrayer), *défroster* (dégivrer), à la *dump* (à la ferraille) ;

E : *s'écarter* (se perdre), *embarquer* (monter en auto), l'*embouteillage* (bouchon), l'*exhaust* (système d'échappement) ;

F : la *fan* (ventilateur), *flasher* (clignoter), les *flasheurs* (clignotants), le *flat* (crevaison), le *frame* (châssis) ;

G : le *gaz* (essence), *peser sur le gaz* (appuyer sur l'accélérateur), *prendre du gaz* (prendre de l'essence), le *gasket* (joint), la *gear* (roue d'engrenage), *grafigné* (rayé), la *gratte* (grattoir), la *grille* (calandre), le *gauge* (contrôleur de pression, jauge) ;

H, I, J: les *hautes* (feux de route), le *hood* (capot), *changer d'huile* (vidanger le carter), l'*intake* (tubulure d'admission), le *jack* (cric) ;

L: les *licences* (plaque d'immatriculation, permis de conduire), le *lift* (pont élévateur), les *lumières* (feux de circulation) ;

M: le *manifold* (collecteur d'échappement), le *miroir* (rétroviseur), la *minoune* (bagnole), le *millage* (kilométrage), le *muffleur* (pot d'échappement) ;

N, O: être *au neutre* (au point mort), la *nut* (écrou), le *one-way* (sens unique) ;

P: le *pick-up* (camionnette), faire *du pouce* (de l'auto-stop), le *power-brake* (servo-frein), le *power-steering* (direction assistée), *pucké* (bosselé) ;

R: le *rack* (porte-bagages), la *remorqueuse* (dépanneuse), la *ride* (randonnée), le *rim* de roue (jante), le *rocker* (culbuteur), la *roulotte* (caravane), le *rush* (heure de pointe) ;

S: le *shaft* (arbre de transmission), *shirer* (glisser), les *shocks* (amortisseurs), *souffler* (gonfler), la pièce de *spare* (pièce de rechange), le *spare* (roue de secours), les *springs* (ressorts), *staller* (caler, étouffer), *starter* (faire démarrer), le *starter* (démarreur), le *steering* (direction), la *strap* (courroie) ;

T: *timer* l'allumage (régler), la *tank à gaz* (réservoir à essence), la *tête de cylindre* (culasse), les *tires* (pneus), lever le *top* de l'auto (capote), *tower* (remorquer), le *trafic* (circulation), le *trailer* (remorque), la *tripe* (chambre à air), le *trouble* de moteur (panne), le *tune-up* (mise au point) ;

U, V, W: le *u-turn* (demi-tour), la *valise* (coffre), la *valve d'exhaust* (soupape d'échappement), la *van* (camion lourd), le *windshield* (pare-brise), le *wiper* (essuie-glace), etc.

On peut aussi savourer des perles du genre :
Passe-moi le wrench *(clé), y a une* bolt *(boulon) qui
est* slack *(relâchée).* Ou bien : Tchèque *(vérifie) donc
si la* drill *(perceuse) est dans l'*truck *(camion). Peser
sur la suce* veut dire : accélérer. *Rouler à planche*
signifie : avoir la pédale d'accélération au plancher.

Les premiers contacts avec la langue parlée au Québec

Deux Français et deux Africains témoignent

Qu'a-t-elle a de si spécial la langue parlée au Québec ? Comment s'y adapte-t-on ? Voici quatre jeunes adultes étrangers, s'exprimant couramment en français, qui ont eu à vivre l'expérience d'immersion dans la culture québécoise. Deux viennent de France, les deux autres sont africains.

Thomas (de Paris), Philippe (de Lille), Mimosette (de Yaoundé) et Roger (de Libreville) ont séjourné au Québec. Quelles ont été leurs premières impressions ? Quelles difficultés ont-ils rencontrées ? Voici brièvement le bilan qu'ils font de leur intégration.

Le « hood du char »

C'est dans un garage que Thomas a vécu l'expérience linguistique la plus «exotique» durant son séjour au Québec. La voiture qu'il s'était achetée a eu besoin un jour de quelques réparations, et ce sont des garagistes qui l'ont initié à un lexique qui a beaucoup emprunté à l'anglais. «Ouvre le *hood.*» «Ta *strap* de *fan* est usée.» «Est-ce que ta *tank à gaz* est pleine ?» Le *bumper*, le *tire*, le *station-wagon*, les *wipers*, le *choke*, etc. Il a dû demander des explications plus d'une fois et, heureusement, on lui a répondu gentiment.

Cependant, dans ses lectures, Thomas voit une autre différence de fond entre le français de France et celui du Québec. Et ce n'est pas d'abord à cause du vocabulaire. «En France, explique-t-il, il est important de tenir compte de l'esthétique quand on écrit. Dans une revue ou un journal, par exemple, la forme, la beauté du style ont autant de valeur que le contenu. Aux États-Unis, ce qui est important, c'est l'efficacité d'un texte, son pragmatisme. Celui-ci doit avant tout dire quelque chose, et la manière de présenter ce contenu est secondaire. En cela, je crois que les Québécois, même avec leur caractère latin, sont plus proches des Américains que des Français. Et cela se reflète dans leur manière de parler, de travailler.»

Pour un étranger, affirme Thomas, les Québécois sont plus difficiles à comprendre lorsqu'ils parlent entre eux. «Ils s'expriment alors très vite et laissent tomber quelques syllabes. Ce qui devient plus difficile à saisir pour une oreille peu habituée.»

Il constate aussi que tout le contexte culturel est différent entre le Québec et la France. «Je vais voir des films français avec des amis québécois et je me rends compte qu'on ne rit pas toujours aux mêmes endroits. Il y a des jeux de mots, des références qui sont typiquement français.»

Quelques particularités ont frappé Thomas. Ainsi, au Québec, on compte les étages généralement à la manière américaine. Le rez-de-chaussée équivaut au premier étage; le deuxième étage au Québec, c'est comme le premier en Europe. Pareillement, l'expression «cette fille est *ben fine*» ne se comprend pas de la même façon partout. Au Québec, le terme a le sens de: gentille, aimable. En France, l'expression peut équivaloir à: svelte, équilibrée, ou même cultivée, sophistiquée.

Thomas croit que les Québécois ont intérêt à mettre en valeur leurs expressions typiques, leurs tournures de phrases. Par contre, il pense que les Québécois devraient faire davantage attention à leur prononciation et faire plus d'efforts, lorsqu'ils s'expriment, dans la recherche du mot juste. Il déplore aussi que quelques-uns ne connaissent pas le bon genre de certains mots: «ascenseur», «autobus», «avion» et «exemple» sont des mots masculins.

Choc culturel

Philippe savait, en arrivant au Québec, que le français de France et celui du Québec puisaient aux

mêmes racines. Mais il s'est vite rendu compte que
«la langue parlée au Québec est rattachée à une
identité culturelle très différente». Ce fut avant tout
un choc culturel. «Dans le quotidien, les tournures
de phrases n'étaient pas les mêmes. Il y a des mots
que je ne comprenais pas. Je découvrais un nouveau
monde. J'essayais de deviner le sens exact de
certains mots, de certaines expressions. Ce n'est pas
seulement l'accent qui est différent. Ça prend
quelque temps avant de se sentir vraiment familier.»

Ainsi, explique-t-il, une serveuse dans un restaurant lui a dit, sur un ton aimable mais vif: «C'est à
votre goût?» Ce sont des mots tout à fait français,
mais les serveuses et serveurs en France n'ont pas
l'habitude d'utiliser cette formule. On y entend
plutôt: «C'est bon?», «Ça va bien?», «Ça vous
plaît?» ou quelque chose du genre. Philippe a dû faire
répéter trois fois avant de comprendre. Pareillement, il
n'a pas saisi du premier coup quand la même serveuse
lui a dit: «Est-ce que vous voulez payer tout de suite?
J'ai fini mon *chiffre* [mon quart de travail]».

Philippe trouve amusantes des expressions qu'il
n'avait jamais entendues avant de venir au Québec:
«Tranquillement pas vite» (lentement); «C'est pas
pire» (c'est bien); «Ça n'a pas de sens» (c'est
stupide); «Je suis tanné» (fatigué, lassé); etc. Il a dû
s'habituer à la prononciation particulière de mots
comme: pain, Pâques, lentement, etc.

Philippe croit que les Québécois ont une tendance
naturelle à épurer leur langue lorsqu'ils parlent avec
des francophones venant d'autres pays. «Ils font des
efforts pour qu'on les comprenne plus facilement.»
Il lui est arrivé, par exemple, d'écouter des gens
parler rapidement ensemble, et, dit-il, «j'avoue que
j'ai eu, à certains moments, le sentiment d'entendre
une langue étrangère». Pour lui, le visiteur doit, tout
comme le Québécois, faire son bout de chemin pour
trouver un terrain de compréhension mutuelle.

Philippe se dit surpris, agacé de voir que certains
Québécois se moquent du chanteur Roch Voisine,

lorsqu'il va en France, simplement parce qu'il parle français en utilisant un niveau de langue plus international. «En France, Roch Voisine se considère davantage comme un francophone que comme un Franco-Québécois ou un Acadien. Richard Desjardins, lui, se présente en France comme un Québécois typique, avec sa personnalité propre. Voisine a déjà dit: "Je parle en France pour me faire comprendre par eux." Je ne vois pas ce qu'il y a de mal dans cette approche.»

Philippe conclut: «À mon avis, les Québécois ont intérêt à garder leur identité culturelle, leur originalité, tout en se rattachant à une langue française internationale. Les deux aspects me semblent compatibles.»

Un chant nasillard

Lorsque Mimosette a mis les pieds pour la première fois au Québec, arrivant de son Cameroun natal, elle a eu l'impression que les gens chantaient. Mais le chant n'était pas toujours mélodieux: les sons étaient parfois nasillards et certains mots semblaient articulés avec une certaine paresse.

Mimosette n'a pas été surprise d'entendre les Québécois utiliser une langue différente de celle de France. «Au Cameroun, en plus du français et de l'anglais, il y a près de 500 dialectes. Il y a donc beaucoup de variations et de mélanges de langues.» Elle donne l'exemple suivant d'une expression française typique de son pays, inspirée d'un dialecte local: «Regarde comment il fait son visage», qui signifie «Regarde la mine qu'il a».

Après un certain temps, ce qui l'a étonnée le plus au Québec, c'est le phénomène de «traduction». «Souvent, par exemple, quand j'ai une discussion avec un groupe de Québécois, on prend la peine, à certains moments, de me traduire dans un français plus général ce qui a été dit, pour que je comprenne bien. C'est amusant.» Pourquoi ce phénomène de répétition ? Deux raisons, constate-t-elle. D'une part, parce que les propos de la discussion entre Québécois sont dits rapidement. D'autre part, parce qu'il existe souvent un double vocabulaire, l'un pour la langue de tous les jours, l'autre pour la langue plus conventionnelle, plus normalisée.

Mimosette a été surprise un jour d'entendre une voisine lui dire qu'elle allait « chercher son char ». Elle a imaginé un instant qu'il s'agissait d'un char d'assaut ! N'empêche qu'après quelques semaines, dit-elle, on s'habitue à la langue québécoise. « Il m'arrive même de sacrer un peu, juste pour rigoler... »

« J'en ai pas pantoufle... »

Originaire du Gabon, Roger a fait ses études collégiales et universitaires au Québec. Il se rappelle encore quelques expressions et intonations québécoises qui les surprenaient, lui et ses amis, à leur arrivée : « Il y avait un professeur de biologie qui parlait du "sang" et je comprenais "sein". Il prononçait "grope" au lieu de "groupe". Et quand il disait "pantoute", j'entendais "pantoufle", et je me demandais ce que ce mot venait faire dans la conversation ! » Il se souvient aussi du mot « aréoport » (plutôt que « aéroport ») et de quelques expressions curieuses : « Il *n'y a pas* personne » ou « Peux-tu *barrer* la porte ? » « J'ai longtemps pensé que ça voulait dire simplement "refermer" la porte, et non pas la fermer à clé... »

Heureusement, Roger a toujours pu compter sur de sympathiques amis québécois à qui il pouvait facilement demander le sens des nouvelles expressions qu'il entendait, ce qu'il considérait comme un enrichissement culturel. Cependant, il avoue avoir eu beaucoup de difficulté à comprendre certaines émissions d'humour à la télévision... Des jeux de mots parfois intraduisibles, dans une langue souvent brouillonne...

« Malgré la distance avec la France, affirme-t-il, les Québécois se débattent avec vigueur pour

préserver la langue française en Amérique du Nord. »
Ce qui le surprend le plus, par contre, c'est que
beaucoup de gens au Québec ne font pas la différence entre les niveaux de langue, ne savent pas
quand changer de degré : le niveau populaire, l'argot,
et le niveau français international, conventionnel.
« Ça donne l'impression que certains ne maîtrisent ni
l'un ni l'autre. C'est difficile parfois de situer le
niveau de la conversation avec les Québécois : amical ou officiel ? privé ou public ? Il y a comme un
manque de conventions qui surprend un étranger. »

Dans plusieurs pays de l'Afrique noire (sur la côte
ouest du continent), le français est la langue officielle, utilisée à l'école, au travail et dans les médias.
« Par rapport au français parlé en France, il y a
quelques différences dans l'intonation, le débit des
phrases, mais il y a peu de différences dans le vocabulaire, sauf dans quelques expressions d'argot.
Beaucoup d'enseignants français travaillent dans nos
écoles, et nous avons le même système d'éducation
qu'en France. Le français parlé au Gabon ressemble
beaucoup plus, selon moi, au français de France que
le français qui est parlé au Québec. »

Dans les pays de l'Afrique noire francophone, il
existe, en plus du français, des dizaines de langues
indigènes. « Entre nous, Africains, il arrive que l'on
utilise plusieurs langues dans une même conversation, selon les personnes à qui on s'adresse, mais on
mélange rarement les mots de deux langues dans une
même phrase. Les Québécois, eux, s'adressent à un
étranger en ajoutant à leurs phrases des mots anglais
et des tournures de "joual". Cela m'a toujours
surpris. »

Sa conclusion : « Je crois qu'il est important de
savoir qu'il y a dans une langue un niveau conventionnel qui facilite la communication. Tout en con-
servant leur langage typique, les Québécois auraient
intérêt à instaurer une discipline auprès des jeunes,
par l'entremise des éducateurs, des parents, des
médias. Il faudrait leur enseigner : ça, c'est la langue
populaire, la langue de la rue, et ça, c'est la langue

officielle, pour les occasions spéciales : en classe, au travail, à la radio, etc. Par exemple, les professeurs devraient faire connaître les expressions correctes : on peut sans doute dire, entre amis, un "bumper", des "pads" ou "pantoute", mais les jeunes devraient savoir qu'il y a des occasions où il faut dire "pare-chocs", "jambières" ou "pas du tout". Je crois que les Québécois auraient intérêt, pour l'avenir de la langue, à faire la part des choses entre les deux niveaux. C'est tout à fait possible.»

*
**

Les Québécois semblent avoir, au fil des ans, pris une place importante sur la scène internationale francophone, grâce aux relations culturelles, politiques et économiques. «Lorsque je suis parti de France pour venir ici, explique Thomas, le Canada, pour moi, c'était un grand pays francophone, avec quelques anglophones à chaque bout.» Mimosette ajoute : «Au Cameroun, j'avais la même impression»...

En réalité, le Québec compte plus de 7 millions d'habitants, dont plus de 80 % sont francophones. Mais dans l'ensemble du Canada, on recense 30 millions de personnes, et à peine 25 % sont francophones.

Quelques éléments d'histoire

1534 : Jacques Cartier débarque à Gaspé, puis fréquente les Amérindiens de Stadaconé (Québec) et d'Hochelaga (Montréal).

1608 : Samuel de Champlain fonde la ville de Québec.

1642 : Paul de Chomedey de Maisonneuve établit un site de colonisation à Montréal. Dans les décennies qui suivent, quelques milliers de colons, avec leurs accents variés, arrivent de diverses régions de France (principalement de Normandie et du Centre-Ouest) pour s'implanter sur les territoires bordant le fleuve Saint-Laurent. Ces gens, souvent de condition modeste, auront une progéniture nombreuse. En plus de se multiplier sur les rives du Saint-Laurent, ces Français commencent à explorer l'Amérique du Nord vers le sud et l'ouest. Cependant, les relations tendues entre la France et l'Angleterre auront des répercussions jusqu'en terre d'Amérique.

1755 : Les Acadiens sont déportés du territoire qu'ils occupaient dans l'actuelle Nouvelle-Écosse.

1759 : Les Anglais gagnent la bataille des Plaines d'Abraham, à Québec.

1763 : Avec la signature du traité de Paris, la Conquête anglaise met fin au régime français en Amérique du Nord. Une partie de l'élite francophone est retournée en France. Le pouvoir politique et économique appartient maintenant aux Anglais. Les liaisons entre la France et le Québec deviennent alors très limitées. Le Québec est orphelin. De France, seuls quelques riches aventuriers et quelques curés en quête de conversions viendront à l'occasion constater que l'on parle encore un français de belle qualité outre-Atlantique. (Selon Henriette Walter, dans son livre *Le français dans tous les sens*, ce n'était pas du tout, à la fin du XVIIIᵉ siècle, le français pur et idéalisé que l'on parlait en France. Il existait alors «une trentaine de patois différents sur le territoire français [et] moins du quart des habitants de France parlait vraiment français».)

1837-1838: Au Québec, les rébellions des Patriotes conduisent à un conflit avec l'armée anglaise. Londres envoie Lord Durham, qui, dans son rapport, ne réclame rien de moins qu'une assimilation progressive et en douce de ce peuple qu'il dit d'une race inférieure...

De 1837 à 1910: Plus d'un demi-million de Québécois francophones s'expatrient dans le nord-est des États-Unis, en tant que main-d'œuvre industrielle. Aujourd'hui, ils sont pour la plupart assimilés à la langue anglaise.

Vers 1860: Le clergé québécois s'empare d'une position d'autorité qu'il conservera pendant cent ans, dans une trame de valeurs conservatrices. La langue française et la religion catholique demeurent alors les grands fondements à sauvegarder, au détriment d'une présence forte dans l'économie et d'un véritable essor culturel. La «revanche des berceaux» contribue à renouveler continuellement les forces.

1888: Le journaliste montréalais Arthur Buies dénonce vivement l'anglicisation qui «inonde» et «dénature» la langue française parlée au Québec. Plusieurs des exemples qu'il donne de tournures et de mots empruntés à l'anglais et tirés des journaux de l'époque sont encore utilisés de nos jours. Pour beaucoup de Québécois, les expressions «prendre une marche» (*to take a walk*), «partir une entreprise» (*to start a business*) ou aller à la «chambre de bains» (*bathroom*) sont aussi françaises que «faire une marche», «lancer une entreprise» et «salle de bains»...

Les années 1930: La crise économique favorise au Québec la colonisation des régions éloignées et une exploitation plus poussée des ressources naturelles.

Les années 1960: Dans ce qu'on a appelé la Révolution tranquille, le Québec s'affirme en tant que société, par une prise de conscience politique, mais aussi par la nationalisation de son électricité, par la modernisation de son système d'éducation, par une réglementation sur l'usage du français et par l'établissement de relations avec la francophonie mondiale. Bien entendu, le peu de contacts avec les francophones européens, pendant près de deux siècles, a marqué la culture et la langue parlée au Québec. Longtemps, la langue a été abandonnée à elle-même, sans autorité ni discipline. La langue a dû s'adapter aux usages nord-américains, à la nature, à la nourriture, aux matériaux disponibles. Elle s'est dotée de ressources créatrices. Elle s'est modifiée. Elle a de plus subi une forte influence de l'anglais. Au fil des ans, la langue a toujours été un point sensible de la réalité québécoise. Dans les années soixante, par exemple, le théâtre de Michel Tremblay crée une véritable commotion parce que ses personnages s'expriment dans une langue verte, populaire et montréalaise : le joual.

1977 : Adoption de la Charte de la langue française (loi 101).

Aujourd'hui : Depuis les années soixante, la multiplication des relations culturelles entre la France et le Québec, la scolarisation plus poussée et l'influence des médias auront permis de rapprocher un peu le français parlé en Amérique du français parlé en Europe. La question de la langue continue d'alimenter des débats politiques majeurs au Québec. Les débats sur la langue d'affichage, sur la langue dans les services publics, sur l'accès à l'école anglaise ou sur la promotion d'une langue française de qualité par opposition au joual prennent autant de place dans les médias que les discussions sur la situation économique.

Entre deux courants

Depuis longtemps, deux courants s'affrontent à propos de la langue au Québec. D'une part, la tendance internationaliste : selon celle-ci, il faut à tout prix se rapprocher des normes internationales du français parlé, pour raffermir les relations avec les pays francophones, pour faciliter l'intégration des immigrants, pour éviter d'avoir recours à une autre langue — évidemment l'anglais — et pour se faire comprendre par les autres. Les tenants de ce courant sont disposés à déprécier les traits de langage trop régionaux ou mal adaptés à la norme. Ils diront que le français parlé au Québec est rempli d'erreurs de syntaxe, de prononciations fautives, d'approximations et d'anglicismes, qu'il faut corriger.

D'autre part, la tendance régionaliste : ce courant cherche à mettre en valeur les particularités de la langue française telle qu'elle se parle au Québec, avec ses trouvailles et ses débordements. Les tenants de ce courant considèrent qu'il est illusoire de penser qu'il est possible de harnacher une langue vivante et souhaitent que les particularités régionales tracent leur propre chemin vers le grand livre de la francophonie. Ils louangeront le dialecte québécois pour sa vivacité, son humour et sa créativité.

Depuis quelques années, des équipes de linguistes universitaires travaillent à établir un terrain d'entente à propos de l'existence d'un français québécois standard, « c'est-à-dire d'un usage valorisé au Québec », et qui pourrait nous servir de norme linguistique. Deux des promoteurs, les linguistes Pierre Martel et Hélène Cajolet-Laganière, de l'Université de Sherbrooke, constatent qu'il existe des variations marquées entre la norme du français de France et celle du Québec, et cela non seulement dans les niveaux de langue familier ou populaire ou dans la prononciation. Des écarts sont aussi apparents, disent-ils, dans les vocabulaires socio-culturel, sociopolitique, professionnel et technique, dans la féminisation des titres, dans l'usage des anglicismes, dans la typographie, etc.

Les deux linguistes mettent de l'avant un plan d'aménagement de la langue qui comporte en particulier l'élaboration d'un dictionnaire complet du français québécois. Ce dictionnaire, de type général et normatif, pourrait devenir, avec ses nombreuses citations d'auteurs, «l'ouvrage de convergence nécessaire à tous les Québécois et Québécoises». Le français québécois y serait vu comme une variété nationale de la langue française, avec ses propres normes et usages linguistiques, au même titre que le français de France, et non plus comme une simple variante régionale et marginale. Bien entendu, le «français de référence», qui correspond au noyau de la langue largement employé par l'ensemble des francophones, y serait inclus.

Ce vaste projet permettrait de décrire globalement le français québécois comme étant la langue d'une communauté linguistique unique, et non plus comme si la norme se situait à l'extérieur de la communauté. Le lexique transmettrait l'ensemble des spécificités québécoises. Il valorisait un bon usage dans les communications publiques et institutionnelles. Ce qui aurait pour résultat, concluent les linguistes, d'accroître le sentiment de fierté et de sécurité des Québécois et Québécoises par rapport à leur langue.

Sigles courants

ACDI Agence canadienne de développement international.

ACFAS Association canadienne-française pour l'avancement des sciences. **R.** Son congrès annuel est l'événement scientifique de langue française le plus important en Amérique.

AFEAS Association féminine d'éducation et d'action sociale.

BFD Banque fédérale de développement (Canada).

CECM Commission des écoles catholiques de Montréal.

CLSC Centre local de services communautaires, sorte de dispensaire médical.

COD *Cash on Delivery* (Contre remboursement, contre paiement à la livraison.) **R.** Se prononce «cé-o-di». On peut aussi entendre : «payable sur livraison», qui est un calque de l'anglais.

COFI Centre d'orientation et de formation des immigrés.

CRTC Conseil de la radiodiffusion et des télécommunications canadiennes.

CSST Commission de la santé et de la sécurité du travail.

GRC Gendarmerie royale du Canada.

HLM Habitation à loyer modique. **R.** Correspond à «habitation à loyer modéré» en France.

MTS Maladie transmise sexuellement. **R.** En France, on dira MST, c'est-à-dire maladie sexuellement transmissible.

NAS Numéro d'assurance sociale.

OLF Office de la langue française (Québec).

ONF Office national du film.

PQ Ces lettres peuvent signifier, dans les adresses : **Province de Québec** ou, en politique : **Parti québécois**. **R.** Attention, en France, l'expression « PQ » peut vouloir dire « papier cul ».

RAMQ Régie de l'assurance-maladie du Québec.

REA Régime d'épargne-actions.

REER Régime enregistré d'épargne-retraite.

RRQ Régie des rentes du Québec.

SAAQ Société de l'assurance automobile du Québec.

SAQ Société des alcools du Québec. **R.** Organisme gouvernemental qui détient un quasi-monopole dans la vente des boissons alcooliques.

SQ Sûreté du Québec. **R.** Force de police provinciale, présente sur l'ensemble du territoire québécois.

SRC Société Radio-Canada. **R.** Chaîne publique de radiodiffusion et de télédiffusion.

STCUM Société de transport de la Communauté urbaine de Montréal.

STCUQ Société de transport de la Communauté urbaine de Québec.

UQ Université du Québec. Vaste réseau universitaire public qui comprend l'UQAM (Montréal), l'UQTR (Trois-Rivières), l'UQAC (Chicoutimi), l'UQAR (Rimouski), l'UQAT (Abitibi-Témiscamingue) et l'UQAH (Hull), ainsi que l'INRS (Institut national de la recherche scientifique), l'IAF (Institut Armand-Frappier), l'ENAP (École nationale d'administration publique), l'ETS (École de technologie supérieure) et la Télé-Université.

ZEC Zone d'exploitation contrôlée, pour la chasse et la pêche.

Pour d'autres données

Action nationale (L'), vol. LXXXIII, n° 2, février 1993, «La bataille du français», Montréal, 298 p.

Agora (L'), revue, «Le franc pays, Québécois ou Québec coi?», juin 1995, p. 32-36, et le dossier sur la langue française au Québec, «Le Québec coi», juillet 1995, p. 21-28.

BARBEAU, Victor, *Le ramage de mon pays, le français tel qu'on le parle au Canada*, Montréal, Éditions Bernard Valliquette, 1939, 226 p.

BEAUDET, Marie-Andrée, *Langue et littérature au Québec, 1895-1914*, Montréal, l'Hexagone, 1991, 224 p.

BERGERON, Léandre, *Dictionnaire de la langue québécoise*, Montréal, VLB éditeur, 1980, 574 p.

BLANCPAIN, Marc, *Les lumières de la France, le français dans le monde*, Paris, Calmann-Lévy, 1967, 228 p.

BOUTHILLIER, Guy, et MEYNAUD, Jean, *Le choc des langues au Québec, 1760-1970*, Montréal, Presses de l'Université du Québec, 1972, 770 p.

BUIES, Arthur, *Anglicismes et canadianismes*, Montréal, Leméac, coll. «Les introuvables québécois», 1979, 106 p. (1re éd. en 1888).

BURDIN, Chantal, *Le français moderne tel qu'on le parle*, Paris, Éditions de Vecchi, 1981, 168 p.

CAJOLET-LAGANIÈRE, Hélène, et MARTEL, Pierre, *La qualité de la langue au Québec*, Québec, Institut québécois de recherche sur la culture, coll. «Diagnostic», n° 18, 1995, 168 p.

CHAREST, Gilles, *Le livre des sacres et des blasphèmes québécois*, Montréal, Éditions L'Aurore, 1974, 126 p.

CLAS, André, et OUOBA, Benoît, *Visages du français, variétés lexicales de l'espace francophone*, Paris, Actualité scientifique, Universités francophones, AUPELF, 1990, 208 p.

COLPRON, Gilles, *Dictionnaire des anglicismes*, Laval (Québec), Beauchemin, 1982, 200 p.

DESRUISSEAUX, Pierre, *Dictionnaire des expressions québécoises*, Montréal, Bibliothèque québécoise, 1990, 446 p.

DOR, Georges, *Anna braillé ène shot (Elle a beaucoup pleuré)*, Montréal, Lanctôt éditeur, 1996, 192 p.

DULUDE, Yvon, et TRAIT, Jean-Claude, *Dictionnaire des injures québécoises*, Montréal, Éditions Stanké, 1991, 464 p.

DUNN, Oscar, *Glossaire franco-canadien et vocabulaire de locutions vicieuses usitées au Canada*, Montréal, Leméac, 1980, 208 p. (1re éd. en 1880).

GEOFFRION, Louis-Philippe, *Zigzags autour de nos parlers*, publié par l'auteur, Québec, 1925, 230 p.

GILLIOT, Geneviève, *Ce que parler veut dire*, Montréal, Leméac, 1974, 138 p.

HAGÈGE, Claude, *Le français et les siècles*, Paris, Éditions Odile Jacob, 1987, 272 p.

JEAN, Marcel, *Le joual de Troie*, Montréal, Éditions du Jour, 1973, 236 p.

LAPOINTE, Raoul, *Des mots pittoresques et savoureux*, Montréal, Lidec, 1990, 172 p.

LAURIN, Jacques, *Corrigeons nos anglicismes*, Montréal, Éditions de l'Homme, 1975, 182 p.

MARTEL, Pierre, et CAJOLET-LAGANIÈRE, Hélène, *Le français québécois, usages, standard et aménagement*, Québec, Institut québécois de recherche sur la culture, coll. «Diagnostic», no 22, 1996, 144 p.

MAURAIS, Jacques, et autres, *La crise des langues*, Québec, Conseil de la langue française et Le Robert, 1985, 490 p.

OFFICE DE LA LANGUE FRANÇAISE, *Canadianismes de bon aloi*, brochure, 1973, 12 p.

OFFICE DE LA LANGUE FRANÇAISE, *Énoncé d'une politique linguistique relative aux québécismes*, Québec, 1985, 64 p.

OSTIGUY, Luc, et TOUSIGNANT, Claude, *Le français québécois, normes et usages*, Montréal, Guérin Universitaire, 1993, 248 p.

PLOURDE, Michel, *La langue française au Québec, conférences et allocutions*, Québec, documentation du Conseil de la langue française, n° 21, 1985, 308 p.

PRULHIÈRE, Claude, *Québec ou Presqu'Amérique*, Paris, FM/Petite collection Maspero, 1974, 190 p.

Quelle langue parle-t-on au Québec?, dossier de Michel Cailloux et entrevue avec Denise Bombardier, *Revue Notre-Dame*, (Sillery), juin 1991, 32 p.

RICHARD, André, *Les insolences du bilinguisme*, Hull, Éditions Asticou, 1989, 152 p.

ROGERS, David, *Dictionnaire de la langue québécoise rurale*, Montréal, VLB éditeur, 1977, 246 p.

STANKÉ, Alain, *Je parle plus mieux française que vous et j'te merde! Les joies de la francacophonie*, Montréal, Éditions Stanké, 1995, 230 p.

TÉTU DE LABSADE, Françoise, *Le Québec un pays une culture*, Montréal, Boréal, 1990, 458 p. En particulier le chapitre sur la langue, p. 83-109.

TIMMINS, Steve, *French Fun*, Belœil, Vent du Nord, 1992, 166 p.

TRUDEAU, Danielle, *Léandre et son péché*, Montréal, Hurtubise HMH, 1982, 126 p.

TURENNE, Augustin, *Petit dictionnaire du «joual» au français*, Montréal, Éditions de l'Homme, 1962, 96 p.

Vaut-il la peine de se battre pour le français que nous parlons ?, dossier de Jean-Paul Desbiens et entrevue avec Gilles Vigneault, *Revue Notre-Dame*, (Sillery), octobre 1994, 32 p.

Vie pédagogique, revue du ministère de l'Éducation du Québec, n° 86, novembre-décembre 1993, p. 21-33. Dossier : «Une langue de qualité à l'école».

WALTER, Henriette, *Le français dans tous les sens*, Paris, Robert Laffont, 1988, 384 p.

Watch ta langue !, numéro spécial de *Liberté* (Montréal), 1987, 78 p.

YAGUELLO, Marina, *Catalogue des idées reçues sur la langue*, Paris, Seuil, Point virgule, 1988, 170 p.

Principaux dictionnaires consultés pour la réalisation de cet ouvrage : Le *Multidictionnaire des difficultés de la langue française* (de Marie-Éva De Villiers), le *Petit Robert*, le *Petit Larousse illustré*, le *Harrap's New Shorter French and English Dictionary* et le *Grand dictionnaire Larousse français-anglais, anglais-français*.

Table des matières

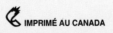